Kochen für hyperaktive Kinder

Margrit Sulzberger
Sonja Hutter

Kochen für hyperaktive Kinder

Symptome, Behandlung
und 100 Rezepte
für die ganze Familie

AT Verlag

Text, Idee, Konzept: Margrit Sulzberger
Rezepte: Sonja Hutter

AT Verlag, Aarau, Schweiz
Fotos: Andreas Thumm, Freiburg i.B.
Lithos: AZ Grafische Betriebe AG, Aarau
Druck und Bindearbeiten: AZ Druck und Datentechnik, Kempten
Printed in Germany

ISBN 3-85502-773-0

Inhaltsverzeichnis

7 Anstelle eines Vorworts

7 Die Hauptverantwortung und damit auch die Hauptlast tragen die Mütter

10 POS, HKS, ADHD – eine Krankheit mit vielen Namen und vielen Gesichtern

11 Welches sind die Symptome bei hyperaktiven Kindern?
13 Verhaltenssymptome bei Hyper- und Hypoaktivität
13 Säugling/Kleinkind
13 Schulkind
15 Jugendliche
17 Ein Wort zur Hypoaktivität im Speziellen
17 Können auch Erwachsene an Hyper-/Hypoaktivität leiden?
19 Eine spezielle Art von Hyperaktivität: Indigo-Kinder

21 Das Hirn reagiert empfindlich auf viele Stoffe

21 Die Rolle der Neurotransmitter
22 Zucker und der Einfluss des Blutzuckerspiegels auf die Hirntätigkeit
24 Süssstoffe
25 Glutamat
26 Die Wirkung von Ritalin auf den Hirnstoffwechsel

27 Besonders einschränkend: Hyperaktive Kinder vertragen keine Milch und meistens auch keinen Weizen

28 Weitere den Stoffwechsel beeinflussende Substanzen und Allergene
28 Die Funktionen des Darms
29 Schwächung des Immunsystems durch Candidabefall
29 Chlor, Fluor, Amalgam, chemische Zusätze
30 Körperpflegemittel
30 Impfstoffe
30 Blei

31 Die fatale Rolle der Nahrungsmittel-Zusatzstoffe

33 Wie kann man Hyper-/Hypoaktivität behandeln?

33 Ritalin
35 Psychotherapie
35 Abklärung von Allergien

36 Abklärung von Hypoglykämie (Unterzuckerung)
37 Unabdingbar: Stärkung des Stoffwechsels mit Vitalstoffen
40 Bachblüten
41 Kinesiologie
41 Achtung bei Medikamenteneinnahme und bei Anästhesien

42 Wie sieht eine Ernährung aus, die das hyperaktive Kind von seinen Störungen befreit?

46 Rezeptteil

47 Hinweise zu den Rezepten

48 Erlaubte Lebensmittel

49 Verbotene Lebensmittel

50 Lebensmittel, die Rückfälle bewirken können

52 Bemerkungen zu einzelnen Lebensmitteln

57 Frühstücksideen
59 Brote und Brötchen
64 Salate
71 Suppen
76 Fleischgerichte
81 Fischgerichte
85 Teigwaren, Reis, Getreide
95 Kartoffelgerichte
100 Gemüsegerichte
109 Saucen
111 Dessert- und Süssspeisen
119 Kuchen und Gebäck

131 Literaturhinweise

131 Adressen

132 Rezeptverzeichnis

Anstelle eines Vorworts

Die Hauptverantwortung und damit auch die Hauptlast tragen die Mütter

Sowohl Sonja Hutter, die Verfasserin der Rezepte in diesem Buch, langjährige Mitarbeiterin der früheren Phosphatliga und des heutigen AEV (Arbeitskreis Ernährung und Verhalten), wie auch ich sind schon über sechzig Jahre alt. Wir hatten beide hyperaktive Kinder bzw. Enkelkinder zu einem Zeitpunkt, da man den Zusammenhang zwischen Ernährung und Verhaltensstörung noch nicht kannte. Man war damals der Meinung, Kinder mit abweichendem Verhalten seien durch einen Sauerstoffmangel während des Geburtsvorgangs geschädigt worden und litten unter einem so genannten Hirnsyndrom, was auch immer das heissen sollte. Ich versuchte, meinem Kind über verschiedene Psychotherapien zu helfen – ohne grossen Erfolg. Heute ist uns klar, weshalb dies nicht funktionieren konnte, solange wir unseren Kindern weiter Milchprodukte, Wurstwaren und andere ihre Allergie fördernde Lebensmittel gaben. Ich selbst hatte schon immer einen Biogarten und ernährte meine Familie nach Nelly Hartmann, einer Ernährungspionierin, die sich weitgehend an die Lehre Bircher-Benners anlehnte, Vegetarier waren wir aber nicht. Meine Kinder assen täglich den vermeintlich so «gesunden» Joghurt, es gab oft Käse (am liebsten Raclette und Fondue) und selbst gemachte Glace – dies im Glauben, die Kinder gesund zu ernähren. Eines meiner fünf Kinder war hyperaktiv, die anderen vier hatten Neurodermitis, Heuschnupfen, chronischen Schnupfen und Asthma.

Das hyperaktive Kind war eine Belastung für das ganze Familienleben. Manchmal hatte ich das Gefühl, es hänge allein von seinem Verhalten ab, ob wir einen friedlichen oder einen schrecklichen Tag hatten. Die meisten Tage waren aufreibend – und das ohne Pausen vom zweiten Lebensjahr bis nach der Pubertät. Das frustrierende Gefühl, seinem Kind nicht helfen zu können und gleichzeitig das Ziel seiner unablässigen aggressiven Attacken zu sein, war für mich ein eigentlicher Psychoterror. Ich hatte weder von meinem Mann noch von sonst jemandem Unterstützung. Damals galt noch allgemein das Unvermögen der Mutter als alleinige Ursache der Lebensschwierigkeiten ihrer Kinder. Mein Mann war als Allgemeinpraktiker mit einer grossen Praxis körperlich wie psychisch am Rande seiner Belastbarkeit und kümmerte sich deshalb sehr wenig um die Kinder. Ich fühlte mich mit meinen Problemen allein gelassen.

Dr. Vera Biber beschreibt in ihrem sehr empfehlenswerten Buch «Hilfe, mein Kind ist unerziehbar!» ihr Leben mit einem hyperaktiven Sohn. Als ich es bei den Vorbereitungen auf dieses Buch las, erlebte ich all die schrecklichen und zeitweise hoffnungslosen Momente, Tage, Monate, Jahre mit meinem hyperaktiven Kind wieder. Wenn sie schreibt: «Egal was ich tat und wie viel Mühe ich mir auch gab, am Ende schien ich immer auch noch die Schuldige zu sein, weil alle Versuche fruchtlos blieben» oder: «Es tat so weh, mir eingestehen zu müssen, dass ich ihn zeitweilig einfach nicht aushalten konnte und dass mich schon jetzt schlimme Zukunftsvorstellungen beschlichen», so habe ich das seinerzeit selbst immer wieder gedacht. Das Einzige, was mir in meiner verzweifelt einsamen Situation durchzuhalten half, war der Gedanke, dass Gott uns ein schwieriges Kind geschickt hatte, das die Chance brauchte, in einer guten Familiensituation aufzuwachsen, und dass es unsere Aufgabe war, ihm Geborgenheit und Liebe zu schenken, damit es einen guten Start ins Leben bekam. Aus heutiger Sicht sieht dies natürlich völlig anders aus, denn ich habe – wenngleich ohne mein Wissen – durch eine vermeintlich gesunde Ernährung bei meinem Kind diese Krankheit bewirkt. Das einzugestehen ist bitter, doch es ist nicht mehr reversibel, und ich fühle mich deshalb auch nicht mehr schuldig, wohl aber unendlich traurig.

Es ist mir ein Anliegen, den vielen Müttern, die in derselben verzweifelten Lage sind, ein hyperaktives Kind grossziehen zu müssen, mit diesem Buch zu helfen. Nach jahrzehntelangen Erfahrungen im Umgang mit Allergien weiss ich allerdings: **Es gibt heutzutage kaum etwas Schwierigeres, als Kindern eine Ernährung zu geben, die sie nicht krank macht. Alles in unserer Umgebung ist darauf ausgerichtet, uns diese Aufgabe zu erschweren:**

- **die Lebensmittelindustrie mit ihren wertlosen, schädlichen, aber wohlschmeckenden Produkten, insbesondere den Süssigkeiten und Fertigprodukten, die voller Zucker, chemischer Zusatzstoffe und Milchpulver sind,**
- **unverständige Bekannte und Freunde,**
- **Schulen, in welche die Kinder Süssigkeiten und anderen Ramsch mitbringen, die auch für unsere Kinder so verlockend sind,**
- **Kinder-Geburtstagspartys, wo nur Gummibärchen, bunte Schokoladeplätzchen und Ähnliches konsumiert werden,**
- **und – last but not least – der Unverstand der Ärzte und Therapeuten, die immer noch negieren, dass die Ernährung die Hauptursache von Hyperaktivität ist.**

Die Hauptlast der Ernährungsumstellung muss die Mutter auf sich nehmen, und dies meistens in einer Situation, in der sie selbst schon am Rande ihrer Belastbarkeit steht. Ist sie ausserdem noch berufstätig und hat keine Zeit zum Kochen, ist die Aufgabe schier unlösbar.

Eine gute Unterstützung bietet der Anschluss an eine Selbsthilfegruppe, in der andere betroffene Mütter Hilfe, Verständnis und viele gute Tipps beisteuern können, diesen schwierigen Lebensabschnitt durchzustehen, und einem immer wieder den Rücken zu stärken. Im Anhang des Buches finden Sie dazu Adressen.

Die Mitautorin dieses Buches, Sonja Hutter, gibt auch telefonisch Auskunft bei Fragen. Ich kenne niemanden, der zu diesen Problemen so viel Erfahrung und Wissen hat.

Und nun wünsche ich Ihnen viel Mut und Kraft, damit es Ihnen gelingt, Ihrem Kind die nötige Hilfe zu geben, diese unsägliche Belastung loszuwerden.

POS, HKS, ADHD – eine Krankheit mit vielen Namen und vielen Gesichtern

Eine Krankheit mit vielen Namen:

POS – Psychoorganisches Syndrom

HKS – Hyperkinetisches Syndrom

ADHD und ADD – Aufmerksamkeits-Störungs-Syndrom

MCD – Minimale cerebrale Dysfunktion

Teilleistungsschwächen:
– Legasthenie
– Dyskalkulie

Seit Jahrzehnten gibt es immer mehr Kinder, die durch ihr auffälliges Verhalten sowohl den Eltern wie in den Schulen Schwierigkeiten bereiten. Und ebenfalls seit Jahrzehnten versucht man, dem Phänomen auf die Spur zu kommen.

Das 20. Jahrhundert war das Jahrhundert der Psychoanalyse, und so versuchte man, diese Kinder erst einmal mit psychologischer Behandlung «gesellschaftskonform» zu machen. Mit der Zeit aber mehrten sich die Erkenntnisse, die darauf hindeuteten, dass die Mehrzahl der auffälligen Kinder unter Allergien leidet.

Es ist jedoch immer noch so, dass diese Störungen je nach Sichtweise anders interpretiert werden: Die Psychologen versuchen den Kindern vor allem mit Verhaltenstherapien zu helfen, Schulmediziner behandeln sie in der Regel mit Ritalin (einem Amphetamin), Naturheilärzte betrachten die Krankheit eher als Allergie und setzen dort die Behandlung an – und jede Gruppe hat diesen Störungen wieder einen anderen Namen gegeben, weshalb ein und dasselbe Krankheitsbild unter vielen Begriffen bekannt ist.

Die heute gängigsten Bezeichnungen sind:

- **POS – Psychoorganisches Syndrom**

  Bezeichnung, die vor allem in der Schweiz verwendet wird.

- **HKS – Hyperkinetisches Syndrom**

  Besonders in Deutschland gängige Bezeichnung.

- **ADHD und ADD – Attention Deficit Hyperactive Disorder (Aufmerksamkeits-Störungs-Syndrom, ASS, oder Aufmerksamkeitsdefizit-Syndrom, ADS)**

  Dieser Begriff wird vor allem in den USA und von der WHO (Weltgesundheitsorganisation) verwendet und setzt sich weltweit durch.

- **MCD – Minimale cerebrale Dysfunktion (MBD – Minimal Brain Dysfunction)**

  Ein früher verwendeter Begriff.

Teilleistungsschwächen – Legasthenie, Dyskalkulie

Nach unserer Auffassung gehören auch die Teilleistungsschwächen zum grossen Kreis des Krankheitsbilds der Hyper-/Hypoaktivität.

Wie wir im nächsten Kapitel sehen werden, bezeichnen die obigen Begriffe alle dasselbe Krankheitsbild der **Hyperaktivität** bzw. **Hypoaktivität.** Deshalb werden wir in diesem Buch auch den allgemeinen Oberbegriff verwenden.

Welches sind die Symptome bei hyperaktiven Kindern?

Der Struwwelpeter – ein Zappelphilipp – ist das klassische Beispiel eines hyperaktiven Kindes.

Seit der Frankfurter Nervenarzt Heinrich Hoffmann 1845 in seinem Kinderbuch «Struwwelpeter» den klassischen Zappelphilipp beschrieben hat, beschäftigt dieses Krankheitsbild des unangepassten und schwer erziehbaren Kindes in zunehmendem Mass Eltern und Schulen. Nicht von ungefähr sprach Hoffmann damals vom Zappelphilipp als einem Jungen, sind doch Mädchen bis heute von dieser Störung viel weniger betroffen.

Nicht nur Knaben und Mädchen, sogar Kleinkinder werden heute schon mit Medikamenten «ruhig gestellt».

Bereits bei Kleinkindern kann die Krankheit auftreten. Ein Artikel im «Journal of the American Medical Association», einer sehr renommierten amerikanischen Ärztezeitschrift, berichtete in der Nummer 283, 2000 (Seite 1025–1030 und 1059–1060), dass ein hoher Prozentsatz der amerikanischen Kleinkinder zwischen 2 und 4 Jahren (!) so genannte psychotrope Medikamente schlucken. Nämlich: 12,3 von 1000 Kindern erhalten Stimulanzien (Ritalin), 3,2 von 1000 Kindern schlucken Antidepressiva, und 2,3 von 100 Kindern nehmen Clonidil, ein zentral wirksames Medikament zur Blutdrucksenkung, das ebenfalls zur Behandlung hyperaktiver Kinder eingesetzt wird.

Dabei ist zu beachten, dass diese Medikamente die Kinder keineswegs von ihren Verhaltensstörungen heilen, sondern nur die Symptome lindern; obendrein muss mit erheblichen Nebenwirkungen und Spätfolgen gerechnet werden.

Die Verhaltensstörungen von Kindern in jeder Altersklasse nehmen zu.

Man sieht aus dieser trockenen Mitteilung, dass offenbar schon Kleinkinder mit Medikamenten «ruhig gestellt» werden. Und aus eigener Erfahrung und Beobachtung wissen wir – die Verfasserinnen dieses Buchs – zusammen mit vielen tausend betroffenen Müttern ebenso wie Autoren und Autorinnen zu diesem Thema (siehe Buchhinweise Seite 131): Die Verhaltensstörungen von Kindern nehmen in jeder Altersklasse immer bedrohlicher zu. Die äusserste Spitze dieser Störungen tritt in Form von Gewaltanwendung zutage: Gewalt in der Familie, Gewalt unter Kindern, Gewalt in der Schule.

Zuerst gilt es, die Diagnose zu stellen.

Bei Verhaltensauffälligkeiten kann sowohl eine Hyperaktivität wie eine Hypoaktivität oder beides zusammen auftreten.

Sehen wir uns nun zuerst die Symptome an, welche die Hyper- bzw. Hypoaktivität in den verschiedenen Altersstufen vom Kleinkind bis zum Jugendlichen hervorrufen kann und anhand derer man die entsprechende Diagnose stellen kann. **Denn auch hier gilt: zuerst die Diagnose, dann die Behandlung.**

Der AEV (Arbeitskreis Ernährung und Verhalten) hat in der Schweiz eine hervorragende und verdankenswerte Pionierrolle eingenommen. Er hat in einem seiner Informationsblätter die Symptome bei Hyper- und Hypoaktivität sehr ausführlich aufgelistet:

Bei Verhaltensauffälligkeiten kann die Hirnfunktionsstörung sowohl als Hyperaktivität, als Hypoaktivität wie auch als beides gleichzeitig auftreten.

Verhaltenssymptome bei Hyper- und Hypoaktivität

Säugling/Kleinkind

körperlich

- Schlafstörungen: nur ganz kurze Schlafphasen oder viel längere Schlafphasen als normal
- Bauchkrämpfe, Koliken schon während der Stillzeit
- Hautprobleme (wunder Po, Ekzeme, z.B. in Ellbeuge/Kniekehle, Milchschorf)
- Verdauungsprobleme: Durchfall oder Verstopfung
- Häufige Erkältungen, laufende Nase, Hals-Nasen-Ohren-Krankheiten
- schon mehrere Antibiotika-Behandlungen erhalten
- Atembeschwerden: häufig Bronchitis, Asthma, Pseudokrupp
- Fieberkrämpfe
- massive Reaktionen auf Impfungen
- grobmotorische Störungen (z.B. Gehen erst nach 18 Monaten)
- ungeschickt mit Armen und Beinen
- feinmotorische Störungen (Lispeln, Schielen, ungeschickt mit Fingern, kann nicht ausmalen)
- Überspringen der Krabbelphase, kann nicht kriechen
- schon früh keinen Mittagsschlaf mehr

psychisch

- nach dem Abstillen Verhaltensauffälligkeiten: häufiges Schreien, ohne beruhigt werden zu können
- «3-Monats-Lächeln» fehlt oder verschwindet nicht mehr
- chaotisches oder stereotypes Verhalten beim Spielen, kann sich nur ganz kurz allein beschäftigen, «räumt immer nur aus»
- vermeidet Körperkontakt oder klammert sich extrem an die Mutter
- fast immer verstimmt, weinerlich, quengelig, unruhig
- aggressiv gegenüber allen und allem
- reagiert verkehrt auf Beruhigungsmittel (Baldrian, Codein usw.)
- schaukelt oder schlägt mit dem Kopf (Selbststimulierung)
- übermässig ängstlich oder sieht keine Gefahren
- Sprachentwicklung verspätet oder gestört
- fordert ständig Zuwendung, Unterhaltung
- Trotzphase will nicht enden, häufige grundlose Wutausbrüche
- respektiert keine Grenzen, kein Nein, gehorcht nie
- lernt nicht aus Erfahrungen (Gefahren, Verletzungen)
- bei Fieber (ohne Medikamente) auffallend ruhig
- Leerlaufspiele: beschäftigt sich nur scheinbar gut allein
- muss stets mehrmals gerufen werden, hört nicht

Schulkind

körperlich

- nässt oder kotet bis ins Schulalter ein
- extrem häufig erkältet, Hals-Nasen-Ohren-Krankheiten
- offen stehender Mund (evtl. verdickte Nasenschleimhäute)
- Muskelkrämpfe, besonders in Ruhestellung
- bei Fieber (ohne Medikamente) ungewöhnlich ruhig, ansprechbar, vernünftig
- kommt abends nicht zur Ruhe
- unter- oder übergewichtig

Grobmotorik, Feinmotorik, Körpergefühl

- linkisch, auffallend viele Unfälle, unvorsichtig, ungelenk
- spürt Unterkühlung (beim Baden, im Regen, Schnee) und Hunger lange nicht
- überaus schmerzempfindlich oder wie schmerztaub
- zappelig, unruhig beim Sitzen (am Tisch, in der Schule)
- merkt nie, wenn es schmutzige Hände oder Kleider hat
- ausserordentlich empfindlich auf Gerüche, auf hohe Töne
- Mühe mit Feinarbeiten (Schreiben, Zeichnen, Basteln)

Essen

- isst am Tisch fast nichts, hat dafür den ganzen Tag über Hunger
- sehr extreme Vorlieben, lebt z.B. am liebsten von Brot mit Konfitüre und Ovo
- «verschleckt», isst keine Früchte und schon gar keine Gemüse
- Schlingen, isst riesige Mengen, schlechte Verwertung

Schule

- Konzentrations- und Aufmerksamkeitsstörungen
- Sprachschwierigkeiten (Aussprache, Grammatik)
- Teilleistungsschwächen wie Lese-Rechtschreibe-Schwäche (Legasthenie), Rechenschwäche (Dyskalkulie)
- Wahrnehmungsstörungen: sieht, hört, spürt vieles anders als normal
- Abstraktionsfähigkeit geringer, verspätet
- kein Durchhaltevermögen, keine Ausdauer
- gegen Ende der Arbeiten (z.B. Diktat) am meisten Fehler
- Schrift fast unleserlich, chaotisch, Hefte unordentlich
- schreibt nicht auf die Zeilen bzw. in die Häuschen
- immer Unordnung in Schultasche, Pult, bei den Kleidern
- vergisst und verliert ständig etwas
- ist meistens (zu) spät
- hört nur zu, wenn persönlich angesprochen
- kleinlich genau in Details, aber verliert den Überblick
- packt nicht an, schiebt weniger Lustvolles hinaus (Antriebsstörung)
- Schuleschwänzen

psychisch

- kennt weder Rücksicht noch Einsicht, Vorsicht, Umsicht, Voraussicht
- leicht ablenkbar, zerfahren, extrem reizoffen
- stimmungslabil, «Berg-und-Tal-Bahn»
- schlechtes Selbstwertgefühl
- fixe Ideen, wie besessen von etwas (zwanghaft)
- fühlt sich schnell betroffen («immer ich»)
- malt meist mit dunklen Farben, Grundstimmung: unfroh
- Langeweile
- neigt zum Klassenclown

Soziales

- nicht «gruppentauglich», Einzelgänger, eckt überall an
- benimmt sich bei/auf Besuch unmöglich, verdirbt jede Feststimmung
- hat keinen richtigen Freund/Freundin
- nimmt keine Rücksicht auf Bedürfnisse anderer
- kann sich nicht in andere versetzen
- spürt, respektiert keine Intimsphäre
- scheu, zurückgezogen, nimmt schwer Kontakt auf

- überrennt alle Grenzen (distanzlos)
- hält keine Regeln ein
- kann nicht verlieren

Selbstkontrolle

- oft aggressiv, mangelnde Impulskontrolle
- oft Wutausbrüche ohne triftigen Grund
- kann nicht gehorchen, erträgt kein Nein
- will alles und sofort
- keine Geduld, niedrige Frustrationstoleranz
- zerbricht, zerstört viel
- grosse Pläne – Durchführung in den Sternen
- extrem Mühe mit Ordnung jeder Art
- kann nicht leise sprechen
- Redeschwall (Logorrhoe), auch mit Obszönitäten (Tourette-Syndrom)
- Zärtlichkeiten arten stets in Grobheiten aus
- von Feuer und Wasser angezogen, Spielen mit Feuer
- lernt nicht aus gemachten Erfahrungen
- grosser Widerstand gegenüber Veränderungen
- trödelt endlos, kein Zeitgefühl
- schlechte Orientierung im Raum (Stadt, Wald)
- kann Geld und Zeit nicht einteilen
- kann Mein und Dein nicht unterscheiden (stehlen)
- verdreht die Fakten zu seinen Gunsten (lügen)
- merkwürdige Eigenarten, Ticks (schneidet Fratzen, blinzelt, grunzt, knirscht mit den Zähnen usw.)
- Aufmerksamkeitsdefizit: merkt vieles nicht, was um es herum geschieht
- spielt oft nicht mit, zieht sich aus der Gruppe zurück

Jugendliche

Ausser der körperlichen Unruhe (Zappeln) gelten die meisten der obigen Merkmale – trotz verbesserter Selbstkontrolle – auch für das Jugendalter.

- Langeweile
- Antriebsstörung («Null-Bock-Stimmung»), Herumhängen, Schwänzen
- kommt abends nicht zur Ruhe, steht morgens nicht auf
- Verstimmtheit, Misslaunigkeit, Depressivität
- Konflikte mit der Polizei, mit dem Gesetz
- ist meistens zu spät
- ist immer pleite
- suchtgefährdet oder süchtig
- Streunen, viele lose Gruppenkontakte
- aggressive Konflikte, Prügeleien
- besonders gefährliche Sportarten
- keine oder extrem starre Normen
- Selbstüberschätzung oder Mutlosigkeit
- anerkennt keine Autoritäten, Normen
- zeitweise gewissenlos, keine Ethik
- Ordnung halten ist immer noch ein Thema
- meist «ausser sich», selten er/sie selbst
- intolerant, enger Horizont

Kein hyperaktives Kind hat alle diese Symptome zusammen!

Wenn etwa ein Drittel dieser Merkmale bei Ihrem Kind häufiger vorkommen als üblich, ist sein Verhalten auffällig. Der Grund dafür kann ein gestörter Stoffwechsel (Allergien, Unverträglichkeiten) sein.

Ein solches Kind kann mit den in diesem Buch beschriebenen Massnahmen behandelt werden.

Wichtig:
Kein hyperaktives Kind hat sämtliche der obigen Symptome! Wenn aber etwa ein Drittel dieser Merkmale bei Ihrem Kind häufiger vorkommen als üblich, ist sein Verhalten auffällig. Der Grund dafür könnte ein gestörter Stoffwechsel (Allergien, Unverträglichkeiten) sein.

Als Mutter oder Vater eines hyper- oder hypoaktiven Kindes werden Ihnen viele der genannten Symptome sehr bekannt vorgekommen sein. Mit jeder Garantie wird Ihr Leben mit einem solchen Kind nicht leicht sein, und wahrscheinlich haben Sie schon viele Besuche bei Ärzten und Psychologen hinter sich. Wenn Sie Glück haben, erkennt und akzeptiert ihr Ehemann/ihre Ehefrau die Tatsache, dass Ihr Kind eine Behandlung braucht; wenn nicht, ergeht es Ihnen, wie es seinerzeit mir erging, als mein Ehemann nach einer missglückten und frühzeitig abgebrochenen Familientherapie kurzerhand erklärte: «Der Bub ist schon recht, aber Du spinnst.» Oder wie Freundinnen mir zu verstehen gaben: «Du mit Deiner feministischen Einstellung kannst mit Buben eben nicht richtig umgehen.» Ich war mit meinen Schwierigkeiten völlig isoliert. Damals, vor über dreissig Jahren, gab es auch noch keine Selbsthilfegruppen, und das Krankheitsbild war nicht als solches anerkannt. Schwererziehbarkeit galt damals noch in erster Linie als Erziehungsunfähigkeit der Mutter.

Hyperaktive/hypoaktive Kinder haben nicht einen schlechten oder schwierigen Charakter, sondern sie sind krank.

Heute hat sich das glücklicherweise geändert, und die Mütter haben – auch psychisch – andere Möglichkeiten, mit den Schwierigkeiten ihrer Kinder umzugehen. Eine meiner Patientinnen erzählte mir letzthin, sie hätte ein invalides Kind. Als ich sie nach der Krankheit des Kindes fragte, sagte sie, es sei hyperaktiv. Sie hatte erkannt, dass es viel leichter ist, mit einem Kind zurechtzukommen, wenn sein auffälliges Verhalten keine Charakteranomalie ist, sondern als Behinderung bezeichnet werden kann. Da man sehr oft das Ziel der Aggressivität dieser Kinder ist, kann man dann eine ganz andere, neutralere Haltung einnehmen und ist nicht immer persönlich davon betroffen oder gar beleidigt.

Besonderen Einblick in das Verhalten dieser Kinder bietet das Buch von Dr. Vera Biber, «Hilfe, mein Kind ist unerziehbar», in dem sie ausführlich beschreibt, wie sehr das Verhalten ihres Kindes ihre Gefühle als Mutter zeitweise strapazierte und wie diese daher gar nicht immer liebevoller Art waren. Sie zeigt darin auch eindrücklich, wie sie durch Versuche selbst darauf gekommen ist, auf welche Produkte ihr Kind mit ausfälligem Verhalten reagierte und welche es gut vertrug.

Noch einmal: Der Grad der Erkrankung und damit auch die Anzahl der auftretenden Symptome ist von Kind zu Kind verschieden. Erschwerend kommt hinzu, dass es Zeiten geben kann, in denen Ihr Kind keinerlei Symptome zeigt; bei Nichtbehandlung sind diese «störungsfreien» Zeiten allerdings nur kurz.

Hyperaktive Kinder fallen durch ihr aggressives und quirliges Wesen viel mehr auf als hypoaktive Kinder.

Ein Wort zur Hypoaktivität im Speziellen

Hypoaktive Kinder sind vor allem passiv.

Da der Anteil hyperaktiver Kinder deutlich grösser ist und sie viel mehr auffallen und für Eltern wie auch in der Schule schwierigere Mitmenschen sind als hypoaktive Kinder, geht das gegenteilige Erscheinungsbild der Krankheit, die Hypoaktivität, leicht vergessen. Susanne Stoll-Kellenberger vom AEV (Arbeitskreis Ernährung und Verhalten) beschreibt im Buch von Dr. Calatin das Verhalten dieser Kinder wie folgt: «Die hypoaktiven Kinder fallen lange nicht auf, stören nicht, beschäftigen sich weitgehend mit sich selbst und werden damit als lieb, weil problemlos, empfunden. Sie bringen das soziale Gefüge erst durch ihre Passivität, Weigerung und ihren Trotz durcheinander, der sich auch in unbändigen, schwer nachvollziehbaren Zornesausbrüchen äussern kann. (...) Die Friedfertigkeit kommt bloss durch die Unfähigkeit, sich zu wehren, zustande.» Und: «Der Daumenlutscher ist in sich zurückgezogen und stimuliert sich selbst, vielleicht auch durch Haaredrehen, mit dem Körper schaukeln oder dem Kopf schlagen. Er kann als Sinnbild des Kindes mit den autistischen Zügen gelten.»

Hyperaktive Kinder werden von zu vielen Reizen überschwemmt, hypoaktive Kinder lassen zu wenig Reize ein.

Weiter hält Stoll-Kellenberger fest: «Gemeinsam mit den hyperaktiven haben die hypoaktiven Kinder die Störung in der Ansprechbarkeit und der Konzentration, die einen, weil sie fast ständig von Reizen überschwemmt werden, die anderen, weil sie zu wenige Reize hereinlassen können.»

Auch bei hypoaktiven Kindern kann der Stoffwechsel über eine gezielt eingestellte Ernährung Hirnfunktionsstörungen korrigieren (siehe Seite 43ff.).

Können auch Erwachsene an Hyper-/Hypoaktivität leiden?

Entgegen der landläufigen Meinung wächst sich Hyper-/Hypoaktivität im Erwachsenenalter nicht einfach aus. Es bleiben meistens weiterhin Verhaltensstörungen und Schwierigkeiten bestehen.

In der «Weltwoche» Nr. 11 vom 15. März 2001 zitiert die Autorin Barbara Lukesch in einem Bericht über einen 32-jährigen Mann, von dem weiter unten noch die Rede sein wird, die POS-Spezialistin Lislott Ruf: «Für die meisten Psychiater und Psychologinnen ist POS bei Erwachsenen hierzulande, kein Thema.» Die Beteuerung, Hyper-bzw. Hypoaktivität wachse sich in der

Pubertät aus, gehöre zum therapeutischen Repertoire wie das Amen in der Kirche. Dabei zeigen laut amerikanischen Studien zwischen fünfzig und achtzig Prozent aller Betroffenen auch im weiteren Verlauf ihres Lebens ein partielles oder gar vollständiges Krankheitsbild. Übertragen auf die erwachsene Bevölkerung bei uns heisst das: Rund fünf Prozent der Erwachsenen leiden unter Symptomen von Hyper- oder Hypoaktivität. In den Vereinigten Staaten ist dieses Wissen seit Jahren fest etabliert. Fachpublikationen und Kongresse nehmen sich der Thematik an; zahlreiche Selbsthilfegruppen wurden ins Leben gerufen. Bereits 1994 widmete das Magazin «Time» den erwachsenen Betroffenen eine Titelgeschichte und führte Winston Churchill, Albert Einstein und Bill Clinton als denkbare Fallbeispiele an.

Erfahrungberichte von betroffenen Erwachsenen

Symptome bei hyper-/hypoaktiven Erwachsenen können sein:

- **Sprunghaftigkeit im Denken**
- **innere Unruhe**
- **Stimmungsschwankungen**
- **Unsicherheit im Umgang mit Menschen**
- **tief sitzende Minderwertigkeitsgefühle**

Im erwähnten «Weltwoche»-Artikel berichtet ein heute 32-jähriger Mann, dass er auch noch als Erwachsener deutliche Symptome eines frühkindlichen Psychoorganischen Syndroms habe. Eines davon sei die verzögerte Reifung. Mit zwanzig Jahren habe er ein Selbstbewusstsein gehabt, über das normalerweise Zwölfjährige verfügen. Auch jetzt leide er noch immer unter Sprunghaftigkeit im Denken, mangelnder Impulskontrolle, nicht zu bremsendem Redefluss – im Fachjargon Logorrhoe, «Sprechdurchfall», genannt – und innerer Unruhe, die sich etwa in hektischem Wippen eines Fusses äussern kann. Dazu kommen so genannte Sekundärsymptome, Reaktionsmuster, die sich in der Folge seiner Krankheitsgeschichte eingestellt haben: Stimmungsschwankungen, Unsicherheit im Umgang mit Menschen und ein tief sitzendes Minderwertigkeitsgefühl, das nicht zuletzt daraus resultiert, dass er als KV-Absolvent heute als Hilfsmaler arbeitet und seine intellektuellen Möglichkeiten nie ausschöpfen konnte.

Im selben Artikel berichtet eine heute 50-jährige Frau, dass man ihr erst jetzt die Diagnose POS bzw. Hyperaktivität gestellt habe. Ein Leben lang habe sie unter ihrer Ablenkbarkeit, ihrer Entscheidungsschwäche, einem schlechten Selbstwertgefühl und latenten Depressionen gelitten. Die Diagnose POS wurde ihr von der Psychiatrischen Universitätsklinik Zürich gestellt, und seit kurzem nimmt sie dagegen Ritalin.

Beide in diesem Artikel erwähnten Erwachsenen haben noch nie davon gehört, dass durch eine Ernährungsumstellung ihr Problem wahrscheinlich gelöst wäre. Tragischerweise kennen nämlich weder die offizielle Schulmedizin noch die offizielle Psychiatrie den Zusammenhang zwischen Hyper-/Hypoaktivität und Allergien oder Lebensmittel-Unverträglichkeiten! Und das, obwohl der Erste, der darüber geforscht und geschrieben hat, ein amerikanischer Arzt, Dr. Feingold, war und obwohl weltweit Hunderttausende von Müttern durch Selbsthilfegruppen davon wissen.

Wie wir im folgenden Kapitel sehen werden, ist der Zusammenhang zwischen Allergien bzw. Unverträglichkeiten und Hirnfunktionsstörungen schon lange durch die wissenschaftliche Forschung belegt – nur sind diese Fakten offenbar noch nicht bis zu den Medizinern durchgedrungen. Im Gegenteil: Mitte der 1980er Jahre verfolgte ich mit grosser Spannung und vielen Aha-Erlebnissen den ersten Vortrag der Biochemikerin Dr. Adele Blaurock, in dem sie über die Zusammenhänge zwischen Allergien und Hirnfunktion und über den möglichen verhängnisvollen Einfluss der Zusatzstoffe – allen voran das damals am meisten erforschte Phosphat – auf den Hirnstoffwechsel berichtete. In den Zeitungen folgten danach Ermahnungen der Schweizerischen Ärztegesellschaft in Bezug auf die wichtige Funktion des Phosphors im Gehirn. Als ob das bestritten worden wäre ...

Bis heute gibt es keine positive Stellungnahme der Ärzteschaft zum Thema der Zusatzstoffe und ihres Einflusses auf den Hirnstoffwechsel, obwohl seit vielen Jahren wissenschaftliche und empirische Daten zuhauf vorliegen.

Susanne Stoll-Kellenberger schrieb in diesem Zusammenhang an die Schweizerische Stiftung für Gesundheitsförderung: «Aus langer Sicht hat unsere Form von Prophylaxe (Ernährung) auch einen extrem volkswirtschaftlichen Sinn, denn aus schwierigen Kindern werden sehr oft depressive, süchtige, schizophrene oder asoziale Erwachsene, die kaum je zu tragenden Gliedern der Gesellschaft werden. Bereits 1998 bestand der Hauptanteil der Invaliden mit 41% aus den psychisch Kranken (gegenüber 28% der Verunfallten), Tendenz steigend.»

Die Schulmedizin und die Psychiatrie anerkennen bis heute den Zusammenhang zwischen Hyper- bzw. Hypopaktivität und Allergien oder Unverträglichkeiten nicht!
Und das, obwohl weltweit dazu schon Dutzende von Büchern von Fachpersonen (u.a. auch von Ärzten) publiziert wurden und unzählige betroffene Eltern den Nutzen einer Anti-Allergie-Diät erfahren haben.

Eine spezielle Art von Hyperaktivität: Indigo-Kinder

Vor kurzem stiess ich in der Fachliteratur auf das Buch «Die Indigo-Kinder» von Lee Carroll und Jan Tober. Sie beschreiben darin eine neue Generation von Kindern, die weitgehend ähnliche Symptome wie hyperaktive Kinder zeigen, sich aber von diesen trotzdem unterscheiden.

Die Charaktereigenschaften der Indigo-Kinder werden wie folgt beschrieben:

- Sie kommen mit dem Gefühl auf die Welt, kleine Könige und Königinnen zu sein (und verhalten sich oft dementsprechend).
- Sie haben das Gefühl, dass sie es «verdienen», auf der Welt zu sein, und sind überrascht, wenn andere diese Ansicht nicht teilen.

Indigo-Kinder sind eine neue Generation von Kindern, die ebenfalls
– hyperaktiv sind,
– sich schwer einordnen können
– und keine Regeln akzeptieren.

Die Ursache ihres «schwierigen» Verhaltens liegt vor allem darin, dass diese neue Generation von Kindern nicht mehr wie Kinder, sondern wie gleichwertige Menschen behandelt werden möchte.

- Selbstwertgefühl ist für sie kein grosses Thema. Sie sagen ihren Eltern oft schon sehr deutlich, «wer sie sind».
- Sie haben Probleme mit absoluter Autorität (Autorität ohne Erklärung oder Wahlmöglichkeit, sprich: Eltern, Lehrer).
- Bestimmte Dinge tun sie nicht, so fällt es ihnen z.B. schwer, Schlange zu stehen (sprich: sich einzuordnen).
- Sie werden frustriert, wenn Systeme ritualorientiert sind und kein kreatives Denken erfordern («Man hat es schon immer so gemacht.»).
- Sie sehen (zu Hause oder in der Schule) oft bessere Möglichkeiten, etwas anzugehen, und werden daher oft als Kinder gesehen, die gegen bestehende Systeme rebellieren (mit keinem System konform gehen).
- Sie wirken unsozial, es sei denn, sie bewegen sich unter ihresgleichen. Sind keine Mitmenschen in ihrem Umfeld, deren Bewusstsein ähnlich strukturiert ist, verkriechen sie sich oft in sich selbst und haben das Gefühl, unverstanden zu sein. Die Schule ist für sie sozial gesehen oft ausserordentlich schwierig.
- Sie sprechen nicht auf «Disziplin aus Schuldgefühlen» an («Na warte, bis dein Vater nach Hause kommt!»).
- Sie geben klar und deutlich zu verstehen, was sie brauchen.

Indigo-Kinder sind sehr Technik-orientiert, sie beherrschen Computer schon in jungen Jahren und sind in ihrer ganzen Denkensart unkonventionell.

Nicht nur ihre Nichtkonformität scheint die Indigo-Kinder auszuzeichnen, sondern auch ihr immenser Wissenshunger, der vor allem Technik-orientiert ist. Sie begreifen schon mit drei bis vier Jahren die Funktionsweise des Computers, sie sprechen wie Erwachsene und hassen es, wenn man sie von oben herab behandelt. Indigo-Kinder können hochintelligent sein und trotzdem schlechte schulische Leistungen erbringen, wenn der Unterricht uninteressant ist und sie unterfordert sind.

Viele Indigo-Kinder werden aufgrund ihrer immensen Energie und ihrer rastlosen Beschäftigung (die aber nie lange denselben Dingen gilt) als hyperaktive Kinder behandelt – und, wie die amerikanischen Verfasser des erwähnten Buchs berichten, natürlich mit Ritalin.

Es scheint, dass die Indigo-Kinder eine ganz andere «Führungstechnik» von seiten der Eltern benötigen, als es bisher üblich war. Um herauszufinden, ob Ihr Kind ein Indigo-Kind oder ein hyperaktives Kind ist (die Verfasser sprechen auch von Kombinationen beider Formen – was die Sache nicht gerade erleichtert), lesen Sie unbedingt das oben erwähnte Buch. Es gibt auch sonst wertvolle Tipps zur Kindererziehung.

Das Hirn reagiert empfindlich auf viele Stoffe

Die Rolle der Neurotransmitter

Die offizielle Medizin und die Psychiatrie bekunden immer noch Mühe, den Zusammenhang und die Auswirkungen von Ernährung, Allergien und Unverträglichkeiten auf körperlich-seelisch-geistige Erkrankungen zu akzeptieren. Dabei kennt man heute den Zusammenhang zwischen Allergenen und dem vegetativen Nervensystem sowie dem Hirnstoffwechsel über die so genannten Neurotransmitter. Die Neurotransmitter haben einen grossen Einfluss auf die Hirntätigkeit. Ein Teil der Neurotransmitter, vor allem Dopamin und Adrenalin, steigern die Erregungsfähigkeit der Hirnzellen, andere wiederum dämpfen sie. Untersuchungen haben gezeigt, dass sie im Blut von hyperaktiven Kindern häufig erhöht sind. Auch die Serotoninbildung kann überhöht sein und dann zu Hyperaktivität führen.

Wenn Sie die wissenschaftlichen Details nicht interessieren, können Sie dieses Kapitel überspringen!

Neurotransmitter haben einen direkten Einfluss auf die Hirntätigkeit.

Sie sind im Blut von hyperaktiven Kindern häufig erhöht.

Ausführlichere Informationen über den Einfluss von hirnaktiven Stoffen und Allergien finden Sie im (inzwischen leider vergriffenen) Buch von Dr. Calatin, «Kursbuch Eltern: Das hyperaktive Kind». Die Autorin geht sehr ins Detail, und es ist hochinteressant zu sehen, wie viele verschiedene Stoffe auf die Hirnaktivität einwirken können. Hier müssen ein paar wenige Beispiele genügen. Da die Neurotransmitter als Aminosäuren in den Eiweissen sowohl pflanzlicher wie tierischer Produkte enthalten sind, können viele Lebensmittel direkt oder indirekt auf den Hirnstoffwechsel einwirken.

Neurotransmitter kommen als Aminosäuren sowohl in pflanzlichen wie in tierischen Lebensmitteln vor. Deshalb können Lebensmittel direkt auf den Hirnstoffwechsel einwirken.

Dr. Calatin berichtet in ihrem Buch über eine Tatsache, die mir selbst schon bei meinen Tests von hyperaktiven Kindern aufgefallen ist: Bei diesen Kindern ist die zur Verfügung stehende Energie im Gehirn geringer als bei gesunden Menschen. Ich kann mit meiner Testmethode (die vor allem Energien testet, misst und vergleicht) genau sehen, wie die Energie im Gehirn von hyperaktiven Kindern fällt, wenn sie mit allergenen Stoffen in Kontakt kommen.

Jeder Mensch ist ein Individuum, nicht nur in seiner Eigenart und seinem Charakter, sondern zum Teil auch in seinem Stoffwechsel und seinen Reaktionen auf verschiedene Stoffe. Es gibt Menschen, die beispielsweise auf alle Zitrusfrüchte empfindlich reagieren, andere vertragen keine Orangen, dafür aber Mandarinen, Grapefruits und Zitronen, und wieder andere vertragen keine Orangen und keine Zitronen, reagieren aber nicht auf Grapefruits und Mandarinen usw. Es ist deshalb enorm schwierig, genaue wissenschaftliche Daten zu ermitteln. Dr. Calatin berichtet in ihrem Buch (Seite 59) von einem englischen Neurologen, der in einer nach streng wissenschaftlichen Kriterien

Eine englische Studie erbrachte, dass 80% von hyperaktiven Kindern auf eine so genannte oligoantigene Diät ansprachen.

Die Kinder reagierten (in absteigender Reihenfolge) am stärksten auf folgende Lebensmittel bzw. Inhaltsstoffe:

– Farb- und Konservierungsstoffe
– Kuhmilch
– Schokolade
– Trauben
– Weizen
– Zitrusfrüchte
– Käse
– Eier
– Erdnüsse

aufgebauten Studie (so genannte randomisierte Cross-over-Doppelblind-Studie) die ursächlichen Zusammenhänge zwischen Nahrungsmitteln/Zusatzstoffen und Hyper- bzw. Hypoaktivität untersucht habe. Die Studie wurde in drei Phasen durchgeführt, bei der jedes Kind eine so genannte oligoantigene Diät einhalten musste (das heisst, die als allergisierend bekannten Lebensmittel wurden ausgeschlossen). Sie erbrachte, dass bei achtzig Prozent der Kinder sich das Verhalten durch die Diät positiv veränderte; bei etwa einem Drittel der Kinder hatte es sich völlig normalisiert, bei den übrigen deutlich gebessert.

Besonders interessant ist die Liste der Zusatzstoffe und Nahrungsmittel, die sich bei diesen Tests als Auslöser für hyperaktives Verhalten erwiesen:

79% der Kinder reagierten auf Farb- und Konservierungsstoffe
64% auf Kuhmilch
59% auf Schokolade
49% auf Trauben, Weizen
45% auf Zitrusfrüchte
40% auf Käse
39% auf Eier
32% auf Erdnüsse

Dr. Calatin berichtet in ihrem Buch über weitere Tests, die übereinstimmende Ergebnisse erbrachten. Sie sind in unseren Nahrungsmittellisten (siehe Seite 48ff.) berücksichtigt.

Inzwischen kennt man neben den oben erwähnten Stoffen und Lebensmitteln viele weitere Substanzen, die bekannt dafür sind, dass sie im Gehirn von hyperaktiven Kindern Reaktionen hervorrufen können, die dieses Krankheitsbild auszeichnen.

Allem voran – für mich etwas vom Wichtigsten (und zugleich am schwierigsten zu vermeiden) – steht der Zucker und der Einfluss des Blutzuckerspiegels auf die Hirntätigkeit.

Zucker und der Einfluss des Blutzuckerspiegels auf die Hirntätigkeit

Unser Blutzuckerspiegel bestimmt darüber, ob wir uns wohl fühlen, ob wir klar denken können, ob wir über genügend Energie für unsere Arbeit verfügen, ob wir uns bei unserer Arbeit konzentrieren können oder ob das Gegenteil der Fall ist, nämlich, dass wir irritiert sind, uns nicht konzentrieren können und uns dauernd müde fühlen.

Die Höhe des Blutzuckerspiegels wird durch das Insulin gesteuert, das die Bauchspeicheldrüse absondert, und zwar nach jeder Mahlzeit, die Kohlehydrate enthält. Kohlehydrate sind so genannte Einfach- oder Mehrfachzucker; sie werden zuerst im Darm verdaut und enden dort alle als Einfachzucker. Egal, ob Sie eine Kartoffel, ein Stück Kuchen, Reis oder einen Löffel weissen Zucker gegessen haben, sie werden alle vom Körper im Darm zu so genannten Einfachzuckern (Glukose, Fruktose oder Galaktose) verdaut, die dann ins Blut übergehen. Die bei der Verdauung entstehende Menge des Zuckers hängt von der leichten und schnellen Verdaulichkeit des Kohlehydrats bzw. der Art des Zweifachzuckers ab. Je leichter verdaulich ein Kohlehydrat ist, desto schneller ist es zu Zucker verdaut. So sind zum Beispiel Kartoffeln, weisser Reis oder weisse Brötchen extrem schnell zu Zucker verdaut und erhöhen dementsprechend stark den Blutzuckerspiegel. Langsamer geht die Verdauung zu Zucker bei Schrotbroten, Hülsenfrüchten oder Gemüse; der in den meisten Früchten enthaltene Zucker erhöht durch ihren Gehalt an Fructose den Blutzuckerspiegel nur sehr wenig. Gemessen wird die durch die verschiedenen Lebensmittel bewirkte Erhöhung des Blutzuckers im so genannten glykämischen Index.

Die Höhe unseres Blutzuckerspiegels bestimmt, wie viel Energie wir zur Verfügung haben, ob wir klar denken können, und ob es uns gelingt, uns auf eine Arbeit zu konzentrieren.

Alle Kohlehydrate werden zu Zucker verdaut. Leicht verdauliche Kohlehydrate wie Haushaltszucker, Weissmehl, Kartoffeln, weisser Reis werden sehr schnell zu Zucker verdaut und erhöhen dementsprechend schnell den Blutzuckerspiegel.

Je höher der Blutzuckerspiegel nach einer Mahlzeit ansteigt, desto mehr Insulin muss die Bauchspeicheldrüse ausschütten, und desto tiefer fällt er normalerweise nach etwa zwei Stunden. Fällt er nun nach einem solchen «Höhenflug» sehr tief, entsteht die so genannte **Unterzuckerung oder Hypoglykämie.** Bei einer solchen Unterzuckerung zeigen sich folgende psychische und körperliche Symptome:

Je höher der Blutzuckerspiegel nach einer Mahlzeit ansteigt, desto tiefer fällt er wieder. Es entsteht eine Unterzuckerung. Die Symptome, die dadurch entstehen, sind zum Teil dieselben wie bei Hyperaktivität.

- kalter Schweiss
- Zittern
- Herzklopfen
- Blässe
- Heisshunger nach Süssigkeiten
- unkontrollierte Bewegungen und Störungen der Bewegungsabläufe
- Schwindel
- Sehstörungen
- Übelkeit
- Benommenheit
- Kopfweh
- Schläfrigkeit
- Erschöpfung und Schwächegefühl
- Wahrnehmungs- und Denkstörungen, Konzentrationsschwäche
- geistige Verwirrung

- Angst
- Depression
- Ruhelosigkeit
- Reizbarkeit bis zur tätlichen Aggression

Viele dieser Symptome sind gerade bei hyperaktiven Kindern besonders häufig, und viele dieser Kinder sind bekannterweise geradezu süchtig nach Kohlehydraten (Spaghetti, Kuchen, Ovomaltine usw.) und Süssigkeiten, nach denen sie dann regelmässig «ausflippen». Am bekanntesten ist dieser Effekt nach dem Genuss von Cola-Getränken. Der Sohn meiner Freundin reagierte danach regelmässig mit aggressiven Attacken, und wenn er quengelig aus der Schule kam, konnte man ihm jeweils auf den Kopf zusagen, dass er wieder ein solches Getränk am Kiosk gekauft hatte.

Bei Kindern, die mit starken Blutzuckerschwankungen reagieren, ist es nötig, die Kohlehydratzufuhr drastisch zu reduzieren:

– alle Zuckerarten
– Süssigkeiten
– Brot (ausser groben Körnerbroten)
– weisser Reis
– Kartoffeln

sind möglichst zu meiden!

Messen kann man den Blutzuckerabfall mit dem Glukosetoleranztest. Wie bei Menschen mit Übergewicht, die ebenfalls oft unter Hypoglykämie leiden, besteht auch bei hyperaktiven Kindern eine Bandbreite der Reaktion auf die Senkung des Blutzuckerspiegels, das heisst, die einen reagieren schon bei einer kleinen Senkung mit den oben erwähnten Symptomen, andere halten ihnen länger stand, bevor sie deutlich reagieren.

Wenn ein Kind an Unterzuckerung leidet, ist es notwendig, eine stark kohlehydratreduzierte Ernährungsweise zu beachten. Vor allem raffinierte Kohlehydrate wie Weissmehl und daraus hergestellte Produkte wie Brot, Kuchen und Biskuits, weisser Reis, aber auch Kartoffeln und vor allem alle Zuckerarten ausser Stevia sind strikt zu meiden. In milderen Fällen kann Birnendicksaft sparsam eingesetzt werden. Eiweiss wie Fleisch und Fisch werden von den meisten Kindern viel besser vertragen und auch verdaut. Dies gilt aber nicht für Wurstwaren! (Siehe Seite 48ff.)

Süssstoffe

Hyperaktive Kinder sind häufig überempfindlich auf Süssstoffe.

Hyper- bzw. hypoaktive Kinder sind häufig überempfindlich auf Süssstoffe. Oft reagiert ein Kind nur auf einen bestimmten Süssstoff, und andere verträgt es. Nach Dr. Calatin (siehe Seite 21) scheint Saccharin am besten verträglich zu sein.

Untersuchungen haben gezeigt, dass Aspartam offensichtlich auf das Nervensystem wirkt. So sind Fälle bekannt, wo Aspartam Epilepsieanfälle hervorgerufen hat, auch das Auftreten von Kopfweh nach aspartamhaltigen Süssgetränken ist registriert. Dr. Calatin erwähnt überdies eine Studie, durch die erwiesen wurde, dass Kinder und Jugendliche nach aspartamhaltigen Softdrinks Anfälle von «Fresssucht» bekamen und regelrecht süchtig nach aspartamhaltigen Softdrinks seien. Nach längerem und regelmässigem Konsum sei oft ein Umschlagen der Hyperaktivität in Depression, begleitet von häufigem Weinen, grosser Müdigkeit und Angstzuständen, beobachtet worden.

Aspartam meiden!

Die Bestandteile von Aspartam – Phenylalanin und Asparaginsäure – greifen beide in den Hirnstoffwechsel ein, was bei empfindlichen Allergikerkindern unnötig und offenbar auch schädlich ist. Ausserdem konnte man in Untersuchungen feststellen, dass bereits die Empfindung «süss» auf unseren Geschmacksknospen genügt, dass Insulin ausgeschüttet wird, was bei einem empfindlichen Stoffwechsel wiederum zu der gefürchteten Unterzuckerung führen kann.

Vom Konsumieren von Süssstoffen ist abzuraten. Das Verlangen nach Süssigkeiten verschwindet im Übrigen meistens sehr schnell, wenn der Blutzuckerspiegel durch die richtigen und vor allem weniger Kohlehydrate konstanter gehalten wird.

Das Verlangen nach Süssigkeiten verschwindet sehr schnell, wenn der Blutzuckerspiegel durch die richtigen und v.a. weniger Kohlehydrate konstanter gehalten wird.

Glutamat

Über den Zusammenhang zwischen dem Geschmackverstärker Glutamat und Unverträglichkeiten wie Migräne, Kopfschmerzen usw. gibt es zahlreiche Untersuchungen. Ebenso wurde schon viel über das so genannte Chinarestaurant-Syndrom geschrieben. Glutamat kann aber auch Bauchschmerzen und Übelkeit verursachen.

Bei uns im Westen wird Glutamat in grossen Mengen unter der Bezeichnung «Geschmacksverstärker» (E-Nummer 620–625) als Zusatzstoff in Fertigprodukten eingesetzt, so dass man pro Mahlzeit – besonders auch in Chinarestaurants – mehrere Gramm Glutamat einnehmen kann. Glutamat – das Natriumsalz der L-Glutaminsäure – ist ein wichtiger Baustein aller natürlichen Eiweisse. Die meisten pflanzlichen wie tierischen Proteine bestehen zu etwa einem Fünftel ihrer Masse aus L-Glutaminsäure.

Glutaminsäure kommt in vielen Lebensmitteln vor. Es zählt zu den so genannten erregenden Neurotransmittern.

- 100 g Milch enthalten 3,3 g Eiweiss, davon 0,75 g Glutaminsäure.
- 100 g Emmentaler enthalten 29 g Protein, davon ca. 6 g Glutaminsäure.
- 100 g Sojabohnen enthalten 37 g Protein, davon über 7 g Glutaminsäure.
- Reichlich Glutamat ist auch in Hefeextrakten, Sojasauce, Miso und in Hartwürsten enthalten.

Glutaminsäure kann vom Körper selbst hergestellt werden. Es wirkt im Gehirn als so genannter Neurotransmitter, als Botenstoff zwischen den Nervenzellen, und zwar ausschliesslich als erregender Neurotransmitter. Im Gehirn gibt es ein Enzym (Glutaminsäure-Decarboxylase), das Glutaminsäure in Gamma-Aminobuttersäure umwandeln kann. Diese Substanz wiederum wirkt erregungshemmend. Das Enzym, das die «erregende» Glutaminsäure in die «beruhigende» Gamma-Aminobuttersäure umwandelt, enthält als wichtigsten Baustein Vitamin B_6 (Pyridoxin). Pyridoxin wiederum nehmen wir vor allem über den Konsum von Fleisch und Getreide, Kartoffeln und Broccoli auf, und es hat sich gezeigt, dass die meisten hyperaktiven Kinder einen Mangel an diesem Vitamin haben. Vitamin-B_6-Gaben gehören deshalb zur Behandlung der Hyperaktivität (siehe Seite 38).

Vitamin B_6 hilft, «beruhigende» Stoffe zu produzieren. Viele hyperaktive Kinder haben einen Mangel an Vitamin B_6.

Vitamin B_6 kommt vor allem in Fleisch und Getreide, Kartoffeln, Bananen, Avocado, Broccoli und Kohl vor.

Die Wirkung von Ritalin auf den Hirnstoffwechsel

Ritalin erhöht die Aktivität der Nervenzellen. Bei hyperaktiven Kindern wirkt es aber genau umgekehrt: es beruhigt.

Noradrenalin, ein anderer Neurotransmitter, ist ein den Sympathikus anregender Stoff. Er wirkt vor allem im Hypothalamus – dem Sitz der emotionalen Funktionen und der Schaltzentrale des vegetativen Nervensystems, dessen einen Ast der Sympathikus bildet. Bei hyperaktiven Kindern scheint das Noradrenalinsystem unteraktiv zu sein. Ritalin – ein so genanntes Amphetamin – regt die Freisetzung von Noradrenalin an und erhöht damit die Aktivität der Nervenzellen.

Währenddem Amphetamine normalerweise zu Übererregbarkeit, Schlaflosigkeit, Appetitmangel führen, reagieren hyperaktive Kinder genau umgekehrt: Sie werden ruhiger und ausgeglichener. Das Kind kann sich besser konzentrieren, bewegt sich ruhiger und gezielter. Etwa 60% der Kinder sprechen auf Ritalin an. Ritalin kann aber auch schwere Nebenwirkungen haben. Über die Einnahmeregeln lesen Sie im Kapitel zur Behandlung, Seite 33ff.

Besonders einschränkend: Hyperaktive Kinder vertragen keine Milch und meistens auch keinen Weizen

Im Prinzip kann jedes Nahrungsmittel und jeder Zusatzstoff Allergien auslösen. Es ist interessant zu sehen, dass in jedem Land der Erde das Lebensmittel, das dort am häufigsten konsumiert wird, auch am meisten Allergien auslöst. Und zwar sind es immer die Eiweisse im Lebensmittel, die allergen wirken. So sind die Japaner am häufigsten allergisch auf das Eiweiss im Reis, Amerikaner auf Mais und Erdnüsse (Peanutbutter!), Norweger auf Fisch, und im übrigen Europa lösen vor allem Milch, Eier, Nüsse und Weizen am häufigsten Allergien aus.

In Europa sind es vor allem Milch, Eier, Nüsse und Weizen, die am häufigsten Allergien auslösen.

Sogar wenn sie noch voll gestillt werden, reagieren viele Neugeborene bereits mit Bauchkrämpfen, Durchfall und tropfenden Näschen indirekt allergisch auf das **Kuhmilcheiweiss**. Bei meinem Enkel verschwanden die genannten Symptome sofort, als seine Mutter aufhörte, Milchprodukte zu essen. Sicher war seine Neigung zu Allergien angeboren (mein Sohn ist Allergiker), aber die Sensibilisierung auf ein Allergen wird erworben. Und dies kann offenbar schon im Mutterleib geschehen. Da man auf das Eiweiss in der Milch allergisch ist und nicht auf das Milchfett, werden Rahm und Butter meistens gut vertragen, da diese nur wenig Eiweiss enthalten.

Von allen Milchprodukten werden meist nur Butter und Vollrahm vertragen.

Andere Milchsorten können hingegen verträglich sein, so vor allem Schafmilch und Ziegenmilch und daraus hergestellte Produkte; dies gilt jedoch nicht, wenn eine Milchzuckerunverträglichkeit (siehe unten) besteht. Bei Sojamilch hat es sich gezeigt, dass allergische Kinder auch schnell auf Sojaeiweiss allergisch werden, wenn man ihnen zu viel davon gibt. Eine Studie aus Deutschland hat ergeben, dass 80% der Milcheiweissallergiker auch sämtliche Sojaprodukte nicht vertragen. Daher finden Sie in diesem Buch auch keine Rezepte mit Soja.

Milchprodukte können meistens durch solche aus Schaf- oder Ziegenmilch ersetzt werden (ausser bei Milchzuckerunverträglichkeit).

80% der Milcheiweissallergiker vertragen auch kein Soja. Deshalb enthält dieses Buch keine Rezepte mit Soja.

In vielen Teilen der Welt kannte man bis vor kurzem noch keine Kuhmilch und Kuhmilchprodukte. Die Einwohner dieser Länder sind daher oft auch nicht imstande, in ihrem Darm das Enzym Laktase zu bilden. Laktase benötigen wir, um den **Milchzucker** (Laktose) aufzuspalten. Bei einem Mangel dieses Enzyms kommt es zu schweren Durchfällen.

Auch der Milchzucker verursacht bei fehlender Laktase allergische Reaktionen.

Auch unter den Europäern nördlich der Alpen sind 10 bis 20% der Erwachsenen Laktose-intolerant. Schaf- und Ziegenmilch werden wegen ihres hohen Laktosegehalts oft schlecht vertragen. Nach einer gewissen Zeit lösen dann auch diese Milchsorten eine allergische Reaktion aus. Anders beim Käse aus diesen Milchsorten: Durch die Fermentierung wird das Milcheiweiss verändert und der Milchzucker abgebaut. Daher können **kleine** Mengen davon als verträglich eingestuft werden.

Hyperaktive Kinder sollten keine Milchprodukte (ausser Butter und Vollrahm) konsumieren.

Wir sehen: Milch, ihre Bestandteile und Produkte, die daraus hergestellt werden, sind für viele Menschen nicht günstig. Für hyperaktive Kinder sind sie erfahrungsgemäss nicht ratsam und deshalb zu meiden.

Es ratsam, hyperaktive Kinder auf die Verträglichkeit von Weizen- und anderen Getreideproteinen zu testen. Sonst ist eine streng glutenfreie Diät einzuhalten.

Viele hyperaktive Kinder reagieren auch auf den Verzehr von **Weizen** allergisch. Die Hauptursache liegt dann vor allem in einer Allergie auf die Weizenproteine, also wieder das Eiweiss im Weizen. Man spricht von Glutenunverträglichkeit oder Zöliakie, wenn auch auf andere Getreidearten allergische Reaktionen – meistens Durchfall – auftreten, also auf Weizen, Hafer, Roggen, Gerste, Dinkel. Vertragen werden jedoch Reis, Mais, Hirse, Quinoa, Amaranth.

In diesen Fällen gilt es, eine streng glutenfreie Diät einzuhalten. Glutenfreie Produkte sind im Reformhandel erhältlich.

Weitere den Stoffwechsel beeinflussende Substanzen und Allergene

Die Funktionen des Darms

Ein gesunder Darm ist Voraussetzung für einen gesunden Stoffwechsel, er ist das Tor zu Gesundheit, aber auch zu Krankheit.

Die Funktionen des Darms entscheiden darüber, welche Substanzen (über den Blutweg) in unseren Körper gelangen und welche Substanzen er zur Ausscheidung weitergibt. Ein gut funktionierender Darm ist deshalb von elementarer Bedeutung. Er ist sozusagen das Tor zu Gesundheit oder Krankheit.

Eine schlechte Darmflora führt zu Mangelzuständen. Lebensmittel können nicht richtig absorbiert werden, und auch Vitamine und Mineralstoffe verlassen den Körper ungenutzt.

Ausserdem ist der Darm das grösste Immunorgan in unserem Körper. Im Darm werden nicht nur die Nahrungsbestandteile verdaut, sondern zusammen mit der Darmflora und den im Darm produzierten Antikörpern bestimmt er auch einen Grossteil der Funktionen unseres Immunsystems. Die Darmflora mit ihren enormen Mengen an Mikroorganismen, welche die Darmoberfläche auskleidet, verhindert zusammen mit den zahlreichen Immunzellen, dass unerwünschte Substanzen in den Körper übertreten können. Ist die Darmdurchlässigkeit aus irgendwelchen Gründen gestört, kann es zur allergischen Sensibilisierung gegen Nahrungsmittelbestandteile kommen. Der Darm kann bei schweren Nahrungsmittelallergien entzündet sein, besonders etwa bei der Kuhmilcheiweiss-Intoleranz. Aber auch die normale Darmflora kann sich verändern, indem die gesunden Darmbakterien durch andere, teilweise pathogene Bakterien verdrängt werden.

Viele hyperaktive Kinder haben Verdauungsstörungen. Sie leiden unter Bauchschmerzen, Blähungen, häufigen Durchfällen. Diese Belastungen können zu einer Verminderung der Absorption (Aufnahmefähigkeit des Darms) führen, das heisst, dass dann nur noch ein geringer Teil der Nahrungsstoffe, Vitamine und Mineralstoffe durchs Blut aufgenommen werden kann. Der grösste Teil geht ungenützt mit dem Stuhl wieder aus dem Körper; dadurch entstehen eigentliche Mangelzustände.

Schwächung des Immunsystems durch Candidabefall

Besonders bekannt ist die pathogene Veränderung der Darmflora durch den Candidapilz. Beim Säugling kann er sich durch kleine weisse «Schwämmchen» auf der Mundschleimhaut – dem so genannten Soor – oder als Entzündung um den After – (Windelekzem) zeigen. Folgende Symptome deuten auf einen Befall mit Candidapilzen hin:

Bei hyperaktiven Kindern findet man oft einen Befall mit Candidapilzen.

- erhöhte Infektionsanfälligkeit
- hartnäckiger Fusspilz
- Verdauungsstörungen mit starken Blähungen und Winden
- Jucken und Brennen im After- und Genitalbereich
- übermässige Müdigkeit
- übermässige Lust auf Süssigkeiten
- Reizbarkeit, Depressionen

Die Behandlung von Candida geschieht mit Pilzmitteln, wie z.B. Albicansan oder Nystatin, immer in Begleitung einer kohlehydratarmen Diät.

Bei Candidabefall unbedingt die Kohlehydrate reduzieren und den Pilz behandeln.

Chlor, Fluor, Amalgam, chemische Zusätze

Friedrich Klammrodt, Lehrer und Vater von drei verhaltensauffälligen Kindern, schreibt in seinem sehr empfehlenswerten Buch «Unkonzentriert, aggressiv, überaktiv» (siehe Seite 131): «Kehrt ein POS-Kind ziemlich flippig von einem Hallenbadbesuch nach Hause zurück, glauben viele Eltern, es hätte gesündigt. Doch ist meistens das **Chlor** schuld.»

Viele hyperaktive Kinder reagieren stark auf das Chlor in gedeckten Schwimmbädern.

In seinem Buch beschreibt er auch die Auswirkungen von **Fluor** auf den Hirnstoffwechsel und zeigt, wie Fluor, besonders das N-Fluorid der Fluortabletten, und Fluor im Salz können für hyperaktive Kinder schädlich sein.

Keine Fluortabletten geben, kein fluoridiertes Salz verwenden!

Für Zahnfüllungen kein Amalgam verwenden!

Dass **Amalgam** und das darin enthaltene Quecksilber wie alle Schwermetalle ein starkes Nervengift ist, dürfte klar sein. POS-Kindern sollten deshalb keine Amalgamfüllungen eingesetzt werden.

Körperpflegemittel

Körperpflegemittel und Waschmittel ohne chemische Stoffe kaufen!

Keine Weichspüler verwenden!

Ausserdem sind bei hyperaktiven Kindern möglichst **Körperpflegemittel**, Zahnpasta, Badezusätze, Seife und **Waschmittel** ohne chemische Stoffe zu verwenden. Sie sind im Reformhandel und in anderen alternativen Läden erhältlich. Auch von **Weichspülern** ist unbedingt abzuraten.

Impfstoffe

Kinder nicht vor 2 Jahren impfen, falls überhaupt.

Viele Impfstoffe sind Verursacher von Allergien, und viele von ihnen enthalten Quecksilber. Es ist deshalb ratsam, sich zu erkundigen, welche Impfungen wirklich nötig sind.

Ich rate dringend davon ab, Kinder vor dem zweiten Lebensjahr zu impfen. Das Immunsystem ist bei Kindern unter zwei Jahren noch nicht ausgereift, vor allem sind die Enzymbildung und die Darmflora noch nicht voll aktionsfähig. Es gibt dazu heute viele interessante Forschungsresultate (siehe Literaturhinweise im Anhang, Seite 131); versuchen Sie sich selbst ein Urteil zu bilden, ob und wann Sie Ihre Kinder impfen lassen wollen.

Blei

Schwermetalle wie Blei und Cadmium können besonders über Antioxidantien ausgeschieden werden.

Blei ist in Spuren überall vorhanden. Der grösste Teil davon kommt aus der Luft (Autoabgase, Industrieabgase, Kohleverbrennung), aber auch unsere Nahrungsmittel, vor allem Gemüse und Obst, können Blei enthalten.

Um Blei ebenso wie alle anderen Schwermetalle, allen voran Cadmium, aus dem Körper auszuscheiden, braucht es eine gesunde Leber, und diese wiederum braucht für ihre Arbeit Vitamine, vor allem die so genannten Antioxidantien (Vitamin A, E, C, Zink, Selen).

Die fatale Rolle der Nahrungsmittel-Zusatzstoffe

Dass Nahrungsmittel-Zusatzstoffe bei Allergikern heftige Reaktionen auslösen können, ist seit Jahrzehnten bekannt. Auch bei hyperaktiven Kindern stiess man schon vor vielen Jahren darauf, dass beispielsweise Phosphate für sie eine verheerende Wirkung haben können. Da zunächst nur diese als auslösende Stoffe bekannt waren, nannte man sie früher deshalb auch «Phosphat-Kinder». Heute weiss man, dass daneben noch viele andere Zusatzstoffe für hyperaktive Kinder eine allergene Wirkung haben.

Phosphate gehören neben Milcheiweiss zu den von der Lebensmittelindustrie am häufigsten verwendeten Zusatzstoffen. Sie sind vor allem in jenen Lebensmitteln enthalten, die wir häufig und in grossen Mengen essen: Brote, Brötchen, Backwaren, Wurstwaren, Colagetränke. Die meisten Bäcker, vor allem die Bäckereien der Grossverteiler, verwenden für ihre Brote und ihre anderen Backwaren fertige Mehlmischungen, die nur noch mit Wasser und gegebenenfalls mit Hefe angerührt werden müssen. Diese Mehlmischungen enthalten viele so genannte Backhilfsmittel – Säuerungsmittel, Emulgatoren, Hilfsmittel für Luftigkeit, Krustenbildung usw. –, die dafür sorgen, dass das

Viele der in der Lebensmittelindustrie verwendeten Zusatzstoffe können bei hyperaktiven Kindern «Anfälle» auslösen.

Am sichersten:
Kindern keine Lebensmittel mit Zusatzstoffen mit E-Nummern geben. Sie alle können allergische Reaktionen auslösen.

Besonders bekannt ist die negative Reaktion von hyperaktiven Kindern auf Farbstoffe in Lebensmitteln, Gummibärchen usw.

Als besonders allergieauslösend gelten die Farbstoffe E 102 (Tartrazin), E 104 (Chinolingelb), E 110 (Gelborange S), E 122 (Azorubin), E 123 (Amaranth), E 124 (Cochenillerot A), E 127 (Erythrosin) und E 180 (Rubinpigment BK).
Zu warnen ist auch vor allen Konservierungsstoffen, den Antioxidationsmitteln E 310–312 (Gallate), E 320 und E 321 (BHA und BHT), den Säuerungsmitteln E 338–341 (Orthophosphorsäure und Phosphate), E 450 a–c (Di-, Tri- und Polyphosphate), aber auch den Nitriten E 249 und E 250 und den Nitraten E 251 und E 252, die vor allem in Wurstwaren verwendet werden. Weiter gehören dazu die Glutaminsäure und Glutamate E 620–625.

Wenn man nicht genau austesten kann, auf welchen Zusatzstoff ein Kind allergisch oder mit Unverträglichkeit reagiert, ist es am besten, man lässt alle Lebensmittel, die Zusatzstoffe mit E-Nummern enthalten, strikt weg.

Brot fein schmeckt, länger haltbar ist, und vor allem, dass der Teig schneller gebacken werden kann. Diese Zusatzstoffe sind oft Phosphatverbindungen. In Wurstwaren sorgen die Phosphate dafür, dass die Wurst schön feucht bleibt und kein Wasser verliert, Colagetränke lassen sie zusammen mit dem vielen Zucker prickelnd süss-sauer schmecken, und in pulverförmigen Fertigsuppen und Fertigsaucen sorgen sie dafür, dass diese nicht verklumpen.

Heute weiss man, dass Phosphate nicht der Auslöser von Hyperaktivität sind, dass sie aber wie alle anderen chemischen Stoffe zu Allergien führen können und damit das Immunsystem allgemein schwächen. Ausserdem gehören natürlich alle phosphathaltigen Lebensmittel der Nahrungsmittelindustrie, wie Wurstwaren, Colagetränke und Pulversuppen, nicht gerade zu den gesunden Lebensmitteln, und dass ein Brot ohne Zusatzstoffe für unseren Organismus gesünder ist, sollte sich von selbst verstehen.

Wie kann man Hyper-/Hypoaktivität behandeln?

Wie bereits in der Einführung gesagt, gibt es je nach Blickrichtung verschiedene Therapieansätze. So beharren Psychiater und Psychologen darauf, dass hyper- bzw. hypoaktive Kinder am besten mit einer Psychotherapie, vor allem Verhaltenstherapien behandelt werden sollten. Die meisten Mediziner verordnen lediglich Ritalin, während viele betroffene Mütter und Vertreter der Naturheilkunde um den Segen einer Ernährungsumstellung wissen, da dieser Meinung nach POS vererbt und durch Allergien hervorgerufen wird.

Gehen wir die bekannten Therapieansätze einzeln durch, wobei ich betonen möchte, dass sie natürlich auch **miteinander kombiniert werden können und dass dies manchmal auch sinnvoll ist.**

Es gibt verschiedene Therapien, mit denen man hyper- bzw. hypoaktive Kinder behandeln kann. Manchmal ist es sinnvoll, sie miteinander zu kombinieren.

Ritalin

Vor 35 Jahren, als mein Sohn sich selbst und die ganze Familie mit seiner Krankheit quälte, gab es Ritalin bereits. Als es bei uns zu Hause wieder einmal ganz unerträglich zu und her ging, brachte mein Mann – ein Arzt – Ritalin mit, und wir begannen es unserem Sohn zu verabreichen. Sofort kehrte Ruhe ein, aber eine unheimliche Ruhe. Der vorher so aktive und nimmermüde, aufgeweckte kleine Kerl – er war damals etwa drei Jahre alt – lag plötzlich apathisch im Sessel oder auf dem Sofa und war nicht wiederzuerkennen. Nach ein paar Tagen gaben wir das Experiment wieder auf, da es uns unverantwortlich schien, ihn psychisch so still zu legen. Wir hatten auch nicht daran gedacht, die damals gängige Dosierung zu ändern – ein grosser Fehler, wie ich heute denke.

Ich besuchte dann mit ihm verschiedene Therapien – Maltherapie, Einzeltherapie, Familientherapie. Der gängige Therapieansatz ging von einem Sauerstoffmangel während des Geburtsvorgangs aus – da er noch eine Zwillingsschwester hat, war es gut vorstellbar, dass es da bei der Geburt etwas eng gewesen war –, und die Therapie versuchte vor allem, das Hirn zu aktivieren.

Nach der Geburt gab es eine Phase, in der er stundenlang quälende Geräusche von sich gab; seine Zwillingsschwester lag immer merkwürdig steif in ihrem Bettchen und hatte ausserdem eine leichte Neurodermitis. Sie waren als Babys oft erkältet, sonst aber unauffällig. Allerdings wunderte uns, dass beide nicht krabbeln konnten. Es dauerte ungewöhnlich lange, bis sie stehen und dann gehen konnten. Im Übrigen waren sie jedoch zwei fröhliche

Ritalin gehört zu den Amphetaminen. Es wirkt normalerweise stark anregend und macht Menschen mit «normalem» Stoffwechsel hyperaktiv. Hyperaktive Kinder hingegen stellt es ruhig. Die Wirkungsweise ist bei ihnen bedingt durch ihre Hirnstoffwechselstörungen genau umgekehrt.

Babys, die uns grosse Freude bereiteten. Auffallend war dann aber, dass unser Sohn nicht mehr aus dem Trotzalter heraus kam und sein ganzes Verhalten viele von den in der Liste (Seite 13ff.) aufgeführten Symptomen zeigte. Seine Schwester zeigte auffallende Koordinationsstörungen, die erst mit jahrelangen Therapien wieder behoben werden konnten.

Ritalin ist ein so genanntes Amphetamin und gehört zu den vom Betäubungsmittelgesetz streng verschreibungspflichtigen Drogen. Es wirkt bei Menschen mit einem normalen Hirnstoffwechsel stark anregend und gilt als Stimulans. Als ich es einmal über ein paar Wochen während einer Abmagerungskur einnahm, machte es mich extrem hyperaktiv und bewirkte, dass ich keinen Hunger verspürte, was zum Abnehmen natürlich ideal war. Mit der Zeit bekam ich aber Schlafstörungen und begann abwechselnd zu schwitzen und zu frieren – ein Zeichen dafür, wie stark es auf das vegetative Nervensystem einwirkte.

Bei hyperaktiven Kindern hat es die gegenteilige Wirkung: Sie werden unter Ritalin ruhig, die Wirkung der Neurotransmitter normalisiert sich, es kommt zu einer Verstärkung der hemmenden Kontrollmechanismen und damit zu einer Stabilisierung des Verhaltens.

Am 17. Oktober 2001 erschien in der «Neuen Zürcher Zeitung» in der Rubrik «Forschung und Technik» ein ganzseitiger Artikel: «Umstrittene Therapie hyperaktiver Kinder: Ritalin – Wundermittel oder Einstiegsdroge?». Der Verfasser beschreibt darin, wie schnell in amerikanischen Familien und Schulen verhaltensauffälligen Kindern Ritalin verabreicht wird. Gemäss Erhebungen erhalten an manchen Schulen bis zu 20% der Kinder morgens ihre Tablette. Das ist schon seit Jahrzehnten bekannt. Besonders interessant war aber in diesem Artikel folgende Aussage: «Zur wachsenden Kritik an der Verordnungshäufigkeit bei Ritalin, Adderall und ähnlichen Substanzen hat vor allem der Konsum dieser Stoffe durch Personen beigetragen, für welche die Wirkstoffe keineswegs vorgesehen sind: ältere Mitschüler und Geschwister. Bei Teenagern in den USA hat sich Ritalin zu einer Art Modedroge entwickelt, die, geschluckt oder pulverisiert geschnupft, leicht euphorisierend wirkt. (...) Ältere Kinder bieten den jungen POS-Patienten bis zu 20 Dollar pro Ritalin-Tablette.»

Ein Kommentar erübrigt sich.

Festzuhalten ist, dass Ritalin nicht bei allen Kindern gleich gut wirkt; manche sprechen gar nicht darauf an. Die Verabreichung von Ritalin ist eine reine Symptombehandlung und ändert an den körperlichen Ursachen der Verhaltensstörung gar nichts. Allerdings ist es, wie Dr. Calatin in ihrem Buch erwähnt, oft das einzige Mittel zur Soforthilfe, wenn die Situation für das Kind und die Familie kritisch wird und wenn beispielsweise die Durchführung einer Diät zu grosse Schwierigkeiten bereitet oder erfolglos geblieben ist. Ich jedenfalls bedauere es im Nachhinein sehr, dass wir mit unserem Sohn nicht länger eine verträglichere Dosis ausprobiert haben.

Als dem Betäubungsmittelgesetz unterstelltes Medikament muss Ritalin vom Arzt verschrieben werden. Ich rate Ihnen aber, bei der Dosierung ein Wort mitzureden, denn nur Sie als Eltern können abwägen, wann eine Dosierung zu niedrig oder bereits zu hoch ist.

Ritalin behebt zwar nicht die Ursachen, kann aber manchmal der einzige Weg zur Soforthilfe sein.

Ritalin wirkt nicht bei allen Kindern gleich gut.

Probieren Sie die für das Kind richtige Dosierung aus.

Psychotherapie

In vielen Fällen ist eine psychotherapeutische Begleitung in Form von Verhaltenstherapie, Bewegungs- oder Beschäftigungstherapie und die Behandlung spezieller Teilleistungsstörungen durchaus wünschenswert, um das meist angeschlagene Selbstwertgefühl der Kinder zu stärken und auch um die durch die Krankheit beeinträchtigten intellektuellen Leistungen zu aktivieren.

Allerdings sollte nicht ausser Acht gelassen werden, dass Hyperaktivität eine **körperliche** Störung ist, die sich lediglich in psychischen Verhaltensabnormitäten äussert.

Auch die stark strapazierten Eltern und vor allem die Mutter kann manchmal therapeutische Hilfe benötigen. Nicht zu vergessen sind auch Geschwister. Da das hyperaktive Kind alle Kräfte der Mutter absorbiert, kommen die übrigen Geschwister oft zu kurz.

Es gibt verschiedene psychotherapeutische Therapien:

- **Verhaltenstherapie**
- **Bewegungs- oder**
- **Beschäftigungstherapie**
- **Therapie der Teilleistungsstörungen wie Legasthenie, Dyskalkulie**

Manchmal braucht auch die überlastete Mutter oder die ganze Familie therapeutische Hilfe.

Abklärung von Allergien

Wie bereits ausgeführt wurde, sind hyperaktive Kinder Allergiekinder. Daher ist es unumgänglich abzuklären, worauf sie allergisch reagieren. Dies kann beim Arzt geschehen über die Bestimmung der IgG- und IgE-Antikörper im Blut, über die verschiedenen Testverfahren in Allergiestationen oder durch Austestung mittels Bioresonanz, Kinesiologie oder Elektroakupunktur.

Wenn die Allergene feststehen, gilt es, alles daran zu setzen, das Kind vor ihnen zu bewahren. Das ist erfahrungsgemäss nicht einfach und gelingt auch nicht immer vollständig, trägt aber ganz wesentlich zum Gesundungsprozess bei.

Unbedingt abklären, ob Allergien oder Unverträglichkeiten vorliegen.

Die häufigsten Allergieauslöser sind:

- Kuhmilch
- Eier

- Getreide, v.a. Weizen und Hafer, selten Roggen
- Kakao und Schokolade
- Backhefe
- Haselnüsse

Sehr selten gibt es Allergien auf Fleisch, jedoch häufig auf Würste und Wurstwaren (Zusatzstoffe!).

Unverträglichkeiten sind sehr häufig. Sie beruhen immer auf Schwächen im Verdauungssystem, allem voran einer geschädigten Darmflora, und müssen unbedingt behandelt werden.

Ich habe bei meinen Tests festgestellt, dass echte Allergien nicht so häufig sind wie so genannte Unverträglichkeiten, dass aber **Unverträglichkeiten dieselben Symptome hervorrufen wie Allergien.** Unverträglichkeiten beruhen immer auf Schwächen im Verdauungssystem, sei dies eine mangelnde Enzymproduktion der Bauchspeicheldrüse, eine mangelnde Gallenproduktion der Leber oder eine geschädigte Darmflora.

In diesem Zusammenhang sind immer auch Allergien auf Zusatzstoffe und andere das Hirn und seinen Stoffwechsel beeinträchtigende Substanzen in Betracht zu ziehen (siehe Seite 31f.).

Allergien sind immer Erkrankungen des Immunsystems. Wichtige Stützpfeiler jeder Therapie sind die Behandlung des Darms und die Verabreichung von Vitalstoffen (siehe Seite 38ff.).

Jede Allergie bedeutet, dass das Immunsystem geschwächt ist. Und zum Immunsystem gehören alle Organe des Körpers und sein Stoffwechsel. Eine überragende Rolle spielt dabei die Gesundheit des Darms und die Stützung des Immunsystems über Vitalstoffe (Vitamine und Mineralstoffe). Über beide Faktoren wird im Folgenden noch berichtet.

Abklärung von Hypoglykämie (Unterzuckerung)

Eine Unterzuckerung im Blut kann Angst- und Panikgefühle, eine Störung der Bewegungskoordination, Wutausbrüche und Aggressivität auslösen und führt oft auch dazu, dass wahllos und unkontrolliert Süssigkeiten gegessen werden. Es ist deshalb unabdingbar festzustellen, ob das Kind an Unterzuckerung leidet.

Ob eine Unterzuckerung vorliegt, kann über einen Bluttest oder über Bioresonanz, Kinesiologie oder Elektroakupunktur festgestellt werden.

Einfacher als über den Glukosetoleranztest beim Arzt ist die Ermittlung der Hypoglykämie über einen Bluttest auf die Amine Spermin und Spermidin, der von vielen Speziallabors durchgeführt wird. Sehr einfach ist es auch, über Bioresonanz, Kinesiologie oder Elektroakupunktur die Reaktion auf Zucker zu testen. Ich teste mit meinem Elektroakupunkturgerät nicht nur die Reaktion auf Zucker über die Bauchspeicheldrüse, sondern auch direkt über die Hypophyse. Dabei kann man bei den betroffenen Kindern immer wieder einen Energieabfall auf diesem so wichtigen, die Neurotransmitter regulierenden Organ feststellen.

Lebensmittel, die bei Unterzuckerung zu meiden sind:

- schnell verdauliche Frühstücksflocken, wie Cornflakes, Sugarpuffs usw.
- alle Brote, ebenso Crackers und Reiswaffeln, ausser groben Körnerbroten, Pumpernickel, Sauerteigbroten
- alle Reissorten ausser so genanntem Parboiled-Reis, Vollreis und Wildreis
- Kartoffeln und Kartoffelgerichte
- Datteln, Rosinen und Wassermelonen, sonst sind Früchte verträglich
- Süssgetränke, nur Apfelsaft ist erlaubt
- alle Süssigkeiten, die nicht selbst gemacht sind

Dabei ist speziell zu betonen, dass es kaum industrielle Süsswaren gibt, die nicht voller Zucker, minderwertiger Fette und vor allem voller chemischer Zusatzstoffe sind – alles Substanzen, die für stoffwechselgestörte Kinder Gift sind.

Falls der Test positiv ist, Ihr Kind also an Unterzuckerung leidet, ist es unumgänglich, bei der Ernährung diejenigen Kohlehydrate wegzulassen, die schnell zu Zucker verdaut werden und damit den Blutzucker zu stark erhöhen. Sie erinnern sich: Ein hoher Blutzuckerspiegel erfordert eine hohe Ausschüttung von Insulin, und dies wiederum bewirkt einen starken Abfall des Blutzuckers. (Dies gilt nicht für Menschen mit einer normal funktionierenden Bauchspeicheldrüse.)

Falls der Test positiv ist, sind schnell verdauliche Kohlehydrate wie Haushaltszucker, Honig, Weissmehl und Weissmehlprodukte (ausser Teigwaren), weisser Reis und Kartoffeln strikt zu meiden, damit sich die Insulinüberproduktion der Bauchspeicheldrüse wieder normalisieren kann.

Beachtet man diese Regeln, kann sich die Bauchspeicheldrüse langsam wieder erholen, und die Blutzuckerregulierung normalisiert sich wieder. Wer über das Thema der Unterzuckerung und ihrer Behandlung genauer Bescheid wissen will, lese mein Buch «Schlank mit den richtigen Kohlehydraten» (AT Verlag), in dem diese Zusammenhänge ausführlich und verständlich beschrieben sind.

Eine chronische Unterzuckerung führt nicht nur zu den erwähnten Symptomen, sondern auf die Dauer auch zu einer langsamen Gewichtszunahme, die – unabhängig von der eingenommenen Kalorienmenge – von den die Bauchspeicheldrüse zu sehr belastenden Kohlehydraten herrührt.

Unabdingbar: Stärkung des Stoffwechsels mit Vitalstoffen (Vitamine, Mineralstoffe)

Allergien sind immer eine Stoffwechselschwäche und können gut mit Vitaminen und Mineralstoffen behandelt werden.

Jede Stoffwechselkrankheit – und dazu gehören die Allergien – geht mit einem Mangel an Vitalstoffen einher. Es ist erwiesen, dass ein Mangel zum Beispiel an B-Vitaminen Störungen des Hirns und des zentralen Nervensystems hervorruft. Die B-Vitamine (B_1, B_2, B_3, B_5, B_6, B_{12}, Biotin und Folsäure) sind wichtig für die Ruhigstellung des Nervensystems, für die Steuerung der Gefühlslage und die nervliche Belastbarkeit. Erst mit ihrer Hilfe kann unser Gehirn korrekt funktionieren, können wir uns konzentrieren und erinnern. Besonders die so genannten neurotropen (auf die Nerven einwirkenden) Vitamine B_1, B_6 und B_{12} spielen hier eine überragende Rolle, und dies auch bei hyperaktiven Kindern.

Besonders wirksam sind die B-Vitamine, allen voran Vitamin B_1, B_6 und B_{12}.

Vitamin B_1 ist bei vielen Menschen, nicht nur bei POS-Kindern, ein Mangelvitamin. Es wird besonders für den Kohlehydratstoffwechsel (!) benötigt, das heisst, je mehr Kohlehydrate (Brot, Süssigkeiten, Kartoffeln, Teigwaren) man isst, desto mehr Vitamin B_1 benötigt man. Vitamin B_1 ist vor allem in Vollkornprodukten und in Fleisch vorhanden. Bei Vitamin-B_1-Mangel erscheinen auch beim «gesunden» Menschen Symptome wie Müdigkeit, Konzentrationsmangel, Gereiztheit, Stressanfälligkeit – alles in Familien mit hyperaktiven Kindern sehr bekannte Phänomene!

Vitamin B_6 – ebenfalls oft ein Mangelvitamin – ist besonders wichtig für den Aminosäuren-Stoffwechsel. Bei hyperaktiven Kindern ist oft ein Mangel an den die Aktivität der Neurotransmitter bestimmenden Aminosäuren Tryptophan und Glutaminsäure feststellbar (siehe Seite 25f.).

Vitamin B_{12} ist wesentlich an der Blutbildung und an der Nerventätigkeit beteiligt. Ein Mangel erzeugt ebenfalls neuropsychiatrische Störungen, wie Stimmungsschwankungen und Gedächtnisverlust. Besonders bei vegetarisch ernährten Kindern kann ein Vitamin-B_{12}-Mangel auftreten.

Vitamin C ist der Tausendsassa unter den Vitaminen – mein absoluter Favorit! Vitamin C hat eine überragende Wirkung auf das Immunsystem, besonders bei Allergien und bei körperlichem Stress; ausserdem ist es wichtig für die Eisenresorption, was wiederum für vegetarisch aufgezogene Kinder von besonderer Bedeutung ist. Ein Vitamin-C-Mangel – der vor allem bei Gemüse-und-Früchte-«Muffeln» schnell eintritt – zeigt sich besonders in chronischen Erkältungen.

Vitamin E gehört zusammen mit Vitamin C und Vitamin A (sowie Zink und Selen) zu den wichtigen Antioxidantien; diese bewahren die für allergische Kinder so wichtigen Fettsäuren vor dem Ranzigwerden (sobald dies eintritt, sind sie für den Stoffwechsel nicht mehr verfügbar). Vitamin E nehmen wir vor allem über Pflanzenöle und Nüsse (Mandeln, Leinsamen, Sonnenblumenkerne, Sesam) ein, aber auch über fetten Fisch (Sardinen, Thunfisch).

Vitamin A und Beta-Carotin, die ebenfalls zu den Antioxidantien gehören, spielen bei der Stärkung des Immunsystems eine wichtige Rolle. Sie sind vor allem in grünem Blattgemüse (grüne Blätter von Kopfsalat und Endiviensalat nicht wegwerfen, sondern unbedingt mitverwenden), in rot- und orangefarbenen Gemüsen und Früchten enthalten.

Verwenden Sie – es sei denn, vom Arzt verordnet – keine Einzelvitamine. Am besten sind die so genannten Multivitamin- und -mineralstoffpräparate in Form von Kapseln oder Pulvern. Dragées und Brausetabletten sind wegen der dafür verwendeten Farbstoffe beziehungsweise Brausestoffe für Allergikerkinder nicht günstig. Ich verwende am liebsten Alen, ein Nahrungsergänzungsmittel, das alle Vitamine und Mineralstoffe aus natürlichen Quellen enthält (Bezugsquelle: Paracelsus-Klinik, Lustmühle, Telefon 071 335 71 41). In Deutschland sind amerikanische Multivitamin- und -mineralstoffpräparate in Kapselform erhältlich. Vitalstofftherapeuten oder Ärzte der Orthomolekularmedizin können bestimmen, welche Einzelvitamine höher dosiert eingenommen werden können.

Vitamine am besten in Form von Multivitamin- und Multimineralstoffpräparaten einnehmen, die keine Tablettierungsstoffe und keine Brausestoffe enthalten, z.B. Alen oder in Deutschland amerikanische Produkte in Kapselform.

Mineralstoffe und Spurenelemente haben auf den Stoffwechsel ebenfalls eine überragende Rolle. Bei hyperaktiven Kindern sind dies vor allem

- Magnesium
- Calcium
- Eisen
- Zink
- Selen

Diese Mineralstoffe haben einen direkten Bezug zur Symptomatik der Hyperaktivität, die ersten drei gehören aber auch zu den so genannten basischen Mineralstoffen, die für einen ausgeglichenen **Säure-Basen-Haushalt** nötig sind. Erfahrungsgemäss sind Allergiker meistens übersäuert; durch die Verabreichung von basischen Mineralstoffmischungen wird das Gewebe entsäuert. Dadurch verbessert sich nachweisbar die allgemeine Stoffwechselleistung. Diese Mischungen enthalten die im Folgenden näher beschriebenen besonders notwendigen Mineralstoffe. Erhöhen Sie die Dosis (von Woche zu

Hyperaktive Kinder sind oft übersäuert.
Dagegen hilft die Einnahme von Basenmischungen, das heisst Mineralstoffmischungen, die Magnesium, Calcium, Natrium, Kalium und evtl. Eisen enthalten.

Darauf achten, dass die verwendeten Basenmischungen keine Molke und evtl. keinen Milchzucker (Laktose) enthalten.

Woche) so, dass der erste Morgenurin einen pH-Wert von ca. 7,0 erreicht (mit Indikatorpapier messbar).

Basenmischungen sind in grosser Auswahl in Drogerien und Apotheken erhältlich. Kaufen Sie Produkte, die keine Molke und eventuell auch keinen Milchzucker (Laktose) enthalten.

Basenmischungen sollten unbedingt abends vor dem Schlafengehen (evtl. zusätzlich morgens nüchtern) eingenommen werden. Wer mehr über den Säure-Basen-Haushalt wissen will, dem empfehle ich mein leicht verständliches «Säure-Basen-Kochbuch», ebenfalls im AT Verlag erschienen.

200 mg Magnesium pro Tag reduziert nachweislich die Hyperaktivität der Betroffenen.

Magnesium

Bei hyperaktiven Kindern herrscht häufig ein Mangel an diesem wichtigen Mineralstoff, der sowohl für den Säure-Basen-Haushalt wie auch für die Übertragung der Nervenimpulse auf die Muskelzellen von Bedeutung ist. Uta Rau berichtet in ihrem Buch «Tips zur Ernährung von hyperaktiven Kindern», dass bei hyperaktiven Kindern eine Verabreichung von ca. 200 mg Magnesium pro Tag nachweislich die Hyperaktivität reduziert.

Calcium

Calcium wirkt als basischer Mineralstoff vor allem bei Übersäuerung, spielt aber auch bei Allergien eine wichtige Rolle im Immunsystem, da es die Histaminbildung blockieren kann. Es wirkt nachweislich auch beruhigend, indem es die Entspannung der Muskeln unterstützt und zu allgemeiner Beruhigung führt. (Denken Sie an das früher oft den Kindern verabreichte Glas warme Milch vor dem Schlafengehen.) Eine zusätzliche Calciumgabe ist auch deshalb sinnvoll, weil POS-Kinder auf Milchprodukte verzichten sollten. Meistens genügt bereits das in Basenpulvern enthaltene Calcium.

Eisen

Eisen dient nicht nur zur Blutbildung, sondern wird auch bei der Bildung der Neurotransmitter gebraucht. Bei vegetarisch ernährten Kindern sollte unbedingt auf eine ausreichende Vitamin-C-Versorgung geachtet werden, damit sie über die pflanzliche Ernährung genügend Eisen aufnehmen.

Zink und Selen

Diese Stoffe spielen, wie man heute weiss, eine grosse Rolle bei der Immunabwehr. Ihre Einnahme sollte von einer Vitalstofftherapeutin oder einem Arzt der orthomolekularen Medizin überwacht werden.

Essenzielle Fettsäuren (Omega-3- und Omega-6-Fettsäuren)

Ihre Bedeutung ist unumstritten. Omega-6-Fettsäuren erhalten wir über unsere Ernährung in genügender Menge, Omega-3-Fettsäuren sind jedoch oft untervertreten. Sie sind vor allem in fettem Fisch (Sardinen, Thunfisch) und in Leinöl (erhältlich im Reformhaus) enthalten.

Jeden Tag mindestens 1 Kaffeelöffel Leinöl (dem Salatöl beigeben).

In der Therapie bewährt: Algen aus dem Klamathsee

Die wild wachsende blaugrüne Uralge – auch Afaalge genannt – enthält die oben erwähnten Vitalstoffe wie Vitamine, Mineralstoffe, Fettsäuren, Aminosäuren, Fette, Nukleinsäuren (DNS und RNS) und Chlorophyll in einer ausgewogenen Mischung. POS-Kinder sprechen wie auch alle anderen Menschen sehr gut auf dieses natürliche und äusserst wertvolle Produkt an. Es ist als amerikanisches Importprodukt in Apotheken, Drogerien und zum Teil in Naturkostläden erhältlich.

Besonders wertvoll für die Behandlung von hyperaktiven Kindern sind die blaugrünen Uralgen aus dem Klamathsee.

Bachblüten

Bachblüten haben eine sofortige Wirkung auf Stimmungen, und besonders Kinder sprechen wunderbar auf sie an. Eine meiner Töchter hat ein hyperaktives Kind, das sie zusätzlich zur Ernährung mit Erfolg mit «Vine» therapierte.

Christel Clausnitzer erklärt in ihrem Buch «Bachblüten für Konzentrationsstörungen bei Schülern» (siehe im Anhang, Seite 131) die verschiedenen Denkzustände der Kinder und ihr Verhalten und mit welchen Blüten man ihnen helfen kann.

Kinder sprechen besonders gut auf Bachblüten an. Diese sind neben der Diät eine wundervolle zusätzliche Hilfe bei der Therapie von hyper- bzw. hypoaktiven Kindern.

Sie helfen, Kinder ausgeglichener zu machen und ihr geistiges und intellektuelles Potenzial besser ausschöpfen zu können.

Kinesiologie

Allgemein guten Erfolg auf lange Sicht bringt die Kinesiologie. Durch das meist langjährige Fehlverhalten entstehen Blockaden, die oft auch eine physische Besserung verhindern. Hirnintegrationsübungen (Brain Gym) verhelfen dazu, dass die beiden Hirnhälften synchron arbeiten. Empfehlenswert sind hierzu die Bücher: «Lerngymnastik für Kinder, Brain-Gym-Übungen für Mutter und Kind» von Erich Ballinger, Knaur Taschenbuch, und «Bewegung – das Tor zum Lernen» mit speziellen Übungen für hyperaktive Kinder von Carla Hannaford, VAK-Verlag.

Achtung bei Medikamenteneinnahme und bei Anästhesien

Achtung bei Medikamenten: auf viele von ihnen reagieren hyperaktive Kinder verkehrt!

Homöopathische Mittel nicht als Globuli, sondern nur als Tropfen geben, keine Schüsslersalze.

Viele Medikamente werden von hyperaktiven Kindern nicht vertragen, da sie gegenteilig reagieren können, zum Beispiel Schnupfensprays, Nasentropfen, Codein in Hustensäften, Tranquilizer, Schlaf- und Beruhigungsmittel.

Bei homöopathischen Mitteln darauf achten, dass nur Tropfen, keine Globuli gegeben werden, da Letztere auf Milchzuckerbasis hergestellt sind. Dasselbe gilt für die Schüsslersalze. **Vorsicht bei Narkose:** Der AEV Schweiz gibt einen Allergiepass heraus, in dem die verträglichen bzw. unverträglichen Narkosemittel angegeben sind.

Folgende Narkotika werden **nicht vertragen:** Halothan, Fluothan. Auch keine Lokalanästhetika, die Adrenalin oder Suprarenin enthalten.

Folgende Narkotika werden vertragen: Enfluran, Isofluran und Lokalanästhetika ohne Zusätze.

Wie sieht eine Ernährung aus, die das hyperaktive Kind von seinen Störungen befreit?

Es ist heute eine anerkannte Tatsache, dass die Ernährung unser körperliches und seelisches Befinden beeinflusst. Bei körperlichen Symptomen wurde der Einfluss der Ernährung auf die Krankheit bzw. auf die Gesundung von naturheilkundlich orientierten Therapeuten und Ärzten schon lange erkannt und in den Heilungsprozess integriert. So erlebe ich bei meinen Patienten immer wieder, welch eminente Bedeutung zum Beispiel das Weglassen von Milchprodukten auf den Heilungsprozess bei Allergien hat. Auch sehe ich immer wieder, wie Hautkrankheiten wie Neurodermitis, Ekzeme, Psoriasis usw. keine Chance auf Heilung haben, solange der pH-Wert der Haut nicht stimmt, das heisst, solange der Säure-Basen-Haushalt nicht geregelt wird.

Auch bei psychischen Veränderungen hat die Ernährung einen Einfluss. Besonders eindrücklich und nicht zu widerlegen demonstriert dies der Konsum von Alkohol. Dass jedoch auch andere, ganz «normale» Nahrungsmittel Verhaltensstörungen und Allergien zur Folge haben können, ist eine relativ neue Erkenntnis. In den vorangehenden Kapiteln wurden dazu wissenschaftliche Beweise und Erfahrungsberichte angeführt. Zur Erinnerung seien hier nochmals jene Lebensmittel aufgezählt, die nachweislich Verhaltensstörungen bei hyperaktiven Kindern hervorrufen können. Ich entnehme diese Liste der Inauguraldissertation von Eveline Breidenstein-Stoll. Sie schreibt dazu:

«Bei über 20% der getesteten Kinder wurden (in absteigender Reihenfolge)

- Farb- und Konservierungsstoffe
- Kuhmilch
- Schokolade
- Trauben
- Weizen
- Zitrusfrüchte
- Käse
- Ei
- Erdnüsse
- Mais
- Fisch
- Hafer
- Melonen

- Tomaten
- Schinken

als Auslöser für Verhaltensauffälligkeiten gefunden. Unter Vermeidung der provozierenden Substanzen liess sich das Verhalten in etwa 80% der hyperkinetischen Kinder beeinflussen, wobei sich die Störungen in etwa einem Drittel der Fälle normalisierten und in den restlichen zwei Dritteln deutlich besserten.» Wie bereits früher erwähnt, reagieren nicht alle Kinder auf alle Lebensmittel gleich stark. Die so genannte Individualität der Unverträglichkeiten ist gross.

Die im Rezeptteil des vorliegenden Buches verwendeten Zutaten berücksichtigen diese Erkenntnisse und schliessen auch die von Eltern gegebenen Rückmeldungen ein, die von den wissenschaftlich erhobenen Daten teilweise leicht abweichen.

Die folgenden Ausführungen gründlich lesen! Da sie so wichtig sind, gibt es hierzu auf den folgenden Seiten keine zusammenfassenden Merksätze.

Eine Ernährungsumstellung ist immer eine einschneidende Massnahme, die bei Kindern (die Vernunftsargumenten nicht leicht zugänglich sind) anfänglich besonders schwer durchzusetzen ist. Der nachfolgende 9-Punkte-Plan und die feinen Rezepte werden Ihnen dabei helfen.

Die folgenden Ausführungen entnehme ich den zahlreichen Büchern und Schriften zum Thema und dem Erfahrungsschatz meiner Mitverfasserin Sonja Hutter und des AEV (Arbeitskreis Ernährung und Verhalten):

- **Kochen Sie** aus psychologischen und praktischen Gründen **für die ganze Familie dasselbe.** Empfindlichkeiten sind ohnehin nicht nur beim verhaltensauffälligsten Mitglied der Familie vorhanden! Vielleicht werden dadurch mancher starre, aufbrausende Vater, manche missgelaunte, migräneanfällige Mutter und manche streitsüchtigen Geschwister zu entspannten, fröhlichen Mitmenschen. Solche Erfahrungen entlasten auch das betroffene Kind von der Rolle des Sündenbocks und lassen es vollends dazugehören.

- Bedenken Sie: **Die Ernährungsumstellung sollte wirklich zu hundert Prozent eingehalten werden.** Naschen macht alle Bemühungen zunichte. Rückfälle, auch in kleinen Mengen, bringen alle Verhaltensauffälligkeiten innerhalb weniger Minuten oder Stunden erneut zum Vorschein, und es dauert oft Tage, bis sich der Stoffwechsel wieder erholt hat.

  Natürlich sind Rückfälle unvermeidbar und meiner Meinung nach nicht nur negativ. Das betroffene Kind merkt so, wie sein eigenes Wohlbefinden durch gewisse Lebensmittel gestört werden kann. Denn wir können davon ausgehen, dass es dem verhaltensgestörten Kind nicht wohl ist in seiner Haut und dass es sich selbst viel harmonischer fühlt, wenn seine Anspannungen durch die richtige Ernährung wegfallen. Um sich ein Bild davon zu machen, wie sich ein hyperaktives Kind fühlen muss, stellen Sie sich vor, Sie trinken fünf Espressi aufs Mal. Wie würden Sie sich dann fühlen?

- Informieren Sie alle direkten Bezugspersonen über die Ernährungsänderung (Grosseltern, Erzieher, Babysitter, Nachbarn usw.).
- Gewinnen Sie alle Familienmitglieder für einen zeitlich befristeten **Einstiegsversuch von etwa 4 Wochen.** Wählen Sie dazu einen günstigen Zeitpunkt (z.B. Ferien), und belohnen Sie die Mitarbeit Ihrer Kinder mit besonderen Freuden wie Ausflügen, Spielen und anderen Überraschungen.
- **Bereiten Sie sich gründlich auf die Ernährungsumstellung vor.** Es bewährt sich, bei Beginn alles Notwendige eingekauft und bereitgestellt zu haben.
- **Entfernen Sie alle nicht erlaubten Lebensmittel aus Küche und Vorratsräumen** (am besten verschenken).
- Machen Sie eine Liste mit denjenigen Rezepten aus diesem Buch, die Ihre Familie erfahrungsgemäss am liebsten isst, schreiben Sie die Seitenzahl dazu, und **heften Sie die Liste an den Kühlschrank**.
- Machen Sie eine Liste mit Blitzrezepten, damit Sie auch dann Kochideen haben, wenn Sie wenig Zeit zur Verfügung haben. Achten Sie darauf, dass Sie die benötigten Lebensmittel möglichst immer vorrätig haben. **Heften Sie auch diese Liste an den Kühlschrank.**
- Wenn Sie einmal etwas mehr Zeit haben, kochen und backen Sie auf Vorrat und stellen Sie es in den Tiefkühler. Es kann ja sein, dass Sie einmal krank oder verhindert sind. Dies ist besonders wichtig für Süssigkeiten, wie Kuchen und Gebäck. Diese möglichst schon vorportioniert abpacken.

Der 9-Punkte-Plan:
– Für alle dasselbe kochen
– 100%ige Einhaltung der Ernährungsumstellung
– Alle Beteiligten informieren
– Einstiegsversuch von 4 Wochen
– Vorbereitung: Einkaufen, Bereitstellen
– Unerlaubte Lebensmittel entfernen
– Rezeptliste erstellen
– Liste von Blitzrezepten erstellen
– Vorrat für den Tiefkühler

Rezeptteil

von Sonja Hutter

Die Rezepte in diesem Buch wurden speziell für Kinder und Erwachsene mit dem Syndrom der Hyperaktivität entwickelt und erprobt.

Meine drei Kinder zeigten zwar keine Symptome der Hyperaktivität, wohl aber äusserten sich da und dort Anzeichen von Nahrungsmittelunverträglichkeiten. Mit der Problematik des ADS oder POS wurde ich vor allem bei zwei meiner Enkelkinder konfrontiert. In den Tagen der grössten Verzweiflung stiess meine Tochter auf die damalige Schweizerische Phosphatliga, die ihr mit der Anleitung zu einer Ernährungsumstellung konkrete Hilfe anbot. Die Wirkung war enorm, so dass sie mich schon bald um Rezepte für ihre hyperaktiven Kinder bat, eine Arbeit, die mir als langjähriger Kochkursleiterin sehr lag. Meine Rezepte fanden bei der jungen Familie grossen Anklang, und so war der Schritt zu einem Kochbuch nicht mehr gross. Dass dies einem weit verbreiteten Bedürfnis entsprach, zeigte sich darin, dass das Kochbuch schon nach kurzer Zeit vergriffen war. Ihm folgte schon bald ein zweites, das heute ebenfalls vergriffen ist.

Inzwischen arbeitete ich für den Nachfolgeverein der Schweizerischen Phosphatliga, den Arbeitskreis Ernährung und Verhalten, AEV, und erhielt so aus erster Hand die neuesten Erkenntnisse in der Behandlung von hyperaktiven Kindern. Während einigen Jahren assen meine zwei hyperaktiven Enkel regelmässig bei mir, und so stand ich mitten in der ganzen Problematik. Hochs und Tiefs wechselten einander ab wie Regen und Sonnenschein. In die folgenden Rezepte sind all meine Erfahrung und mein Wissen aus fünfzehn Jahren Arbeit mit hyperaktiven Kindern und Erwachsenen eingeflossen. Als Leiterin des Beratungsdienstes des AEV erlebte ich immer wieder, dass die richtige Ernährung aus einem hyperaktiven Zappelphilipp ein gesundes Kind mit einem normalen Verhalten machen kann. Diese positive Erfahrung wünsche ich auch Ihnen!

Hinweise zu den Rezepten

Grundsätzliche Regeln

- Meiden Sie alle Halbfertig- und Fertigprodukte.
- Achten Sie beim Einkauf auf Zusatzstoffe (E-Nummern) und vermeiden Sie diese.
- Bevorzugen Sie frische, saisongerechte Nahrungsmittel.
- Halten Sie sich nach Möglichkeit an Bioprodukte.

Einkaufsliste

- Fleisch aus artgerechter, biologischer Tierhaltung
- Kein Schweinefleisch oder wenn, dann nur Bioqualität
- Wurstwaren nur vom Spezialmetzger* (Liste erhältlich beim AEV)
- Fische nur aus gesunden Gewässern
- Gemüse, Salate, Obst aus Bioanbau, keine Zitrusfrüchte
- Vorsicht mit Tomaten und Pilzen, in der Testphase weglassen
- Frische Kräuter
- Keine Kartoffel-Halbfertigprodukte und/oder -Fertigprodukte
- Essig ohne Konservierungsstoffe
- Naturbelassene Öle, mit Vorteil kaltgepresstes Olivenöl
- Frucht- und Nussmuse aus dem Reformhaus
- Dinkelteigwaren ohne Eier
- Dinkelruchmehl, Roggen- und/oder Gerstenmehl
- Biovollreis
- Gersten-, Hirse- und Dinkelflocken
- Quinoa
- Vollrahm ohne Bindemittel
- Reismilch
- Reiswaffeln, ungezuckert und ohne Schokoladeüberzug
- Kartoffel- oder Marantamehl zum Binden von Saucen
- Bio-Frischhefe
- Phosphatfreies Backpulver
- Fertigbouillon ohne Phosphatzusatz
- Steviaextraktpulver (grün) und Steviatropfen
- Kräuterteemischungen
- Dörrfrüchte, ungeschwefelt

* Spezialmetzgereien stellen Wurst- und Fleischwaren ohne jegliche Zusatzstoffe her.

Erlaubte Lebensmittel

Fleisch

Frisches oder tiefgekühltes Muskelfleisch von allen Tieren (Bioqualität)
Huhn/Poulet
Suppenhuhn
Truthahn
Ente
Kutteln
Fleischbrühe, aus Siedfleisch/Suppenfleisch selbst hergestellt (Fleisch mitessen)

Fisch

Meeresfische
Süsswasserfische
Crevetten
Muscheln
Schnecken
Tintenfisch

Milchprodukte

Butter, nicht zu viel
Kräuterbutter, selbst gemacht
Crème fraîche/Sauerrahm **ohne Verdickungsmittel**
Rahm **ohne Verdickungsmittel** (oder Rahm-Wasser-Mischung 1:3)
Bratbutter oder Butterschmalz
Reismilch

Getreide

Brot, selbst gebacken, Reformhaus, Naturkostladen
Nur Brot ohne Milch- und Malzzusatz
Zopf **ohne Milch und Ei,** selbst gebacken mit Rahm-Wasser-Mischung und Olivenöl
Dinkelgriess
Dinkelteigwaren ohne Eier
Kuchenteig (geriebener Teig), selbst gemacht aus Dinkelmehl
Blätterteig, selbst gemacht, Reformhaus, Biobäckerei
Gefüllte Teigwaren (Teig und Füllung selbst gemacht)
Naturreis
Geschälter Reis (Vialone, Arborio, Carnaroli, Camolino, Basmati, Parfümreis)
Reiswaffeln ohne Zucker
Hirse und Hirseflocken
Gerste und Gerstenflocken

Kartoffeln

Alle hausgemachten Zubereitungsarten, ohne gekaufte Bouillon zubereitet
Kartoffelschnee
Kartoffelstock/-püree mit wenig Butter und mit Rahm-Wasser-Mischung
Gekaufte Pommes-Chips nur in kleinen Mengen
Pommes frites, selbst gemacht

Gemüse

Gemüse, frisch und tiefgekühlt (Bioqualität)
Auberginen
Artischocken
Blumenkohl
Broccoli
Chinakohl
Cicorino rosso und verde
Fenchel
Gurken
Kefen/Kaiserschoten
Kohlsorten einschliesslich Grünkohl
Karotten
Kohlrabi
Krautstiele
Kürbis
Lattich
Mangold
Radieschen
Randen/Rote Bete
Rettich
Rosenkohl
Schwarzwurzeln
Spargeln
Stangensellerie, Knollensellerie wenig
Topinambur
Zucchini
Alle Salatsorten
Knoblauch, Zwiebeln
Linsen

Früchte

Alle Früchte, ausser Zitrusfrüchte (Zitronen, Orangen, Mandarinen, Grapefruits)
Diverse Apfelsorten, testen!

Süssigkeiten

Kleingebäck, selbst gebacken nach Spezialrezept (siehe Seite 125–130)
Kuchen aus verträglichen Zutaten mit phosphatfreiem Backpulver (Reformhaus)
Hefegebäck, selbst gebacken

Eis (am Stiel) aus Tee oder Fruchtpüree, selbst gemacht und mit Stevia gesüsst
Steviablätter, Stevia flüssig, Steviapulver (Drogerie, Reformhaus)
Vanillezucker (Reformhaus)

Getränke

Kräuterteemischungen
Grüner Tee ohne Koffein
Mineralwasser, ohne oder mit wenig Kohlensäure
Verträgliche Frucht- und Gemüsesäfte, selbst gemacht und verdünnt
Reismilch

Verschiedenes

Frischhefe
Backpulver, phosphatfrei (Reformhaus)
Weinsteinbackpulver oder Hirschhornsalz
Backferment
Sauerteigansatz
Olivenöl, kaltgepresst
Essig **ohne Konservierungsmittel**
Salz, Meersalz
Gewürze, getrocknet und frisch
Kartoffelstärkemehl
Agar-Agar
Kokosraspel, nicht zu viel
Mandeln
Maranthamehl zum Binden von Saucen

Verbotene Lebensmittel

Fleisch

Alle Wurstwaren mit künstlichen Zusätzen, Milchpulver usw.
Aufschnitt
Brät, Brätkügeli, Pasteten
Fertig gekaufter Hackbraten
Fertig gekaufte Hamburger
Fertig gekaufte Fleischvögel/-rouladen
Paniertes Fleisch
Fleischkäse, ausser vom Spezialmetzger (siehe Seite 76)
Innereien (Leber, Nieren, Hirn)
Schinken, Speck, ausser vom Spezialmetzger (siehe Seite 76)

Fisch

Fisch-Fertiggerichte
Panierte Fischstäbchen
Panierte Tintenfischringe

Milchprodukte

Milch, Milchpulver
Rahm, Halbrahm, Kaffeerahm
Molke
Buttermilch
Joghurt, Kefir
Quark, Mager-, Halbfett-, Rahmquark
Kuhmilchkäse
Schmelzkäse, Schachtelkäse
Weichkäse, Raclettekäse
Fondue
Gekaufte Kräuterbutter usw.
Fertigeis
Crème fraîche/Sauerrahm mit Verdickungsmittel

Getreide

Backwaren, hergestellt mit Phosphatbackpulver oder Lecithin
Fertigbackmischungen
Hafer, als ganzes Korn, Grütze und Flocken
Fertige Ravioli und Tortellini (gefüllte Teigwaren)
Fertiger Kuchen- und Blätterteig
Frühstücksflocken mit Zusätzen
Eierteigwaren aus Hartweizen

Kartoffeln

Alle Fertigprodukte
Instantprodukte, z.B. Kartoffelstockpulver

Gemüse

Tomaten, Tomatenpüree
Peperoni/Paprika
Sojabohnen
Instant-Gemüsesuppen, Beutelgemüsesuppen, Dosensuppen
Fertig angemachte Salate
Spinat
Hülsenfrüchte

Früchte

Zitrusfrüchte (Orangen, Zitronen, Mandarinen, Grapefruits)
Diverse Apfelsorten, testen!
Johannisbeeren

Süssigkeiten

Weisser Fabrikzucker
Schokolade in sämtlichen Variationen
Kakao, Schokoladepulver (ebenfalls in Frühstücksgetränken)
Getreideriegel
Marzipan
Weiche und gefüllte Bonbons
Nougat, Krokant
Mohrenköpfe
Schokolade-Nuss-Brotaufstriche (Nutella)
Gummibärchen
Alle Gebäcke mit Phosphatbackpulver und/oder Lecithin
Kastanien, Vermicelles
Traubenzucker
Puddingpulver in jeder Form
Fertig gekaufte Puddings und Cremen
Vanillinzucker

Getränke

Instantkaffee, Instanttee
Sofortkaffee
Automatengetränke
Milch, Molke
Tomatensaft
Frühstücksgetränke
Schokoladegetränke, heiss und kalt
Süsse Limonaden
Colagetränke
Alkohol
Bier, auch alkoholfrei
Fruchtsaftkonzentrate

Verschiedenes

Trockenhefe
Phosphatbackpulver
Tofu, Sojamehl, Sojagewürze
Sojasauce
Flüssigwürze (Maggi)
Glutamat (Aromat, Fondor usw.)
Bouillonwürfel oder -konzentrat
Margarine
Ketchup
Fertig-Mayonnaisen
Fertig-Salatsaucen
Saucenbinder
Maisstärke (Maizena)
Baumnüsse (Walnüsse)

Lebensmittel, die Rückfälle bewirken können

Fleisch

Schweinefleisch
Speck, Salami
Bündnerfleisch
Rohschinken
Alle Wurstwaren, ausser vom Spezialmetzger

Fisch

Fische aus überdüngten Seen
Geräuchter Fisch (Aal, Lachs, Forelle, Felchen usw.)
Thunfisch
In Öl konservierte Sardinen und Sardellen

Milchprodukte

Hartkäse (ausser wenig als Brotbelag)
Kuhmilchkäse (austesten!)
Reibkäse, wenig
Naturquark, wenig
Crème fraîche/Sauerrahm
Ziegenmilch, Ziegenkäse
Schafmilch, Schafmilchkäse und Schafmilchjoghurt (griechisches Joghurt)

Getreide

Reines Weizenbrot
Vollkornbrot
Knäckebrot mit Hefe
Weizen-, Roggen-, Gersten-, Hirse-, Dinkelflocken
Birchermüeslimischungen (auf Bioqualität ohne Zuckerzusatz achten)

Mais, Popcorn, Cornflakes ohne Zucker
Hirse
Quinoa
Amaranth
Hülsenfrüchte, Linsen, weisse Bohnen usw.

Alle Getreidearten auf Allergien austesten!

Gemüse

Grüne Bohnen
Grüne Erbsen (Gartenerbsen)
Pilze, Zuchtchampignons
Sellerie
Lauch

Früchte

Äpfel, nicht alle Apfelsorten werden vertragen, testen!
Beeren, nur in kleinen Mengen (Johannisbeeren weglassen)
Bananen
Steinobst, testen!

Bei Früchten am besten abwechseln. Niemals alle erlaubten Obstsorten an einem Tag essen. Das Obst sollte immer gut ausgereift sein. Nur kleine Mengen essen.

Süssigkeiten

Honig (nur Naturhonig ohne Zuckerzusatz)
Früchtekompott, gesüsst mit Stevia
Künstliche Süssstoffe
Dörrobst, nur unbehandelt, ungeschwefelt, in kleinen Mengen
Birnendicksaft, in kleinen Mengen

Getränke

Traubensaft, wenig und verdünnt
Süssmost, wenig und verdünnt
Pfefferminztee
Hagebuttentee
Bohnenkaffee
Schwarztee
Grüntee mit Koffein

Verschiedenes

Stärkemehl (Maizena, Mondamin, Paidol usw.)
Maiskeimöl
Bouillon (Reformhaus)
Senf
Nüsse, Samen
Haselnüsse
Eier, Eiweiss, Eigelb

Bemerkungen zu einzelnen Lebensmitteln

Alkohol (Schnaps): Rum, Kirsch, Cognac usw. aromatisieren Teige (Gebäck), verdampfen beim Backen (Siedepunkt 78 Grad) und treiben dadurch den Teig auf.

Bouillon: Bei Bouillon ist in den Rezepten jeweils selbst hergestellte gemeint. Den käuflichen Bouillonwürfeln oder -granulaten sind künstliche Zusätze beigefügt: Geschmacksverstärker (Glutamat), Farbstoffe, Kochsalz, Hefe usw. Daher empfiehlt es sich, die Bouillon selbst herzustellen, vor allem, wenn sie in grösserer Menge gebraucht wird. Sie lässt sich auch portionenweise tiefkühlen. Die im Reformhandel erhältliche Bouillon von Morga ist recht gut verträglich.

Butter, Margarine, Öl: Verwenden Sie zum Essen stets **frische Butter.** Zum Backen und zum Abschmelzen, für Butterflocken und zum Ausbuttern von Formen nehmen Sie ebenfalls Butter; sehr gut bewährt sich dafür ebenso wie zum Kochen und Backen auch Olivenöl. Margarine enthält chemische Zusätze und ist für diese Diät nicht zu empfehlen.

Verwenden Sie für Salate nur **kaltgepresste Öle**, empfehlenswert ist **Olivenöl.** Maiskeimöl eignet sich für diese Ernährung nicht! Ganz zu vermeiden sind Pflanzenölcremen; sie enthalten viele Zusatzstoffe und auch Salz.

Dörrfrüchte: Alle im konventionellen Handel erhältlichen Dörrfrüchte sind geschwefelt und z.T. mit Zucker angereichert. Kaufen Sie **ungeschwefelte Dörrfrüchte** (im Naturkost- und Reformhandel erhältlich). Achtung: Auch hier darauf achten, dass die Früchte nicht gezuckert sind (z.B. Ananasschnitze, Mangos).

Von Dörrfrüchten isst man leicht zu viel. Bedenken Sie, dass den Früchten die Flüssigkeit entzogen wurde. Daher sollte 1 Portion nicht grösser sein als die im Rohzustand genossene Menge, also z.B. nur 3–4 Aprikosen.

Eistee: Dieses beliebte Kindergetränk kann man gut selbst machen: 2 Liter Wasser aufkochen, dann 1 Apfel, geschält und geviertelt, 1 halbierte und ausgepresste Zitrone (Bioqualität), 15 frische (oder getrocknete) Lindenblütendolden, 2 Zweige Zitronenmelisse oder Pfefferminze, 2 Beutel Hagebuttentee, 1 Beutel Grüntee zugeben und zugedeckt 10 Minuten stehen lassen. Absieben und nach Belieben mit Stevia süssen.

Essig: Den meisten Essigsorten werden Zusatzstoffe beigemengt. Sie sind daher für diese Ernährung nicht geeignet. Halten Sie sich an natürlichen **Apfelessig oder Weinessig**, sie sind im Reform- oder Naturkosthandel erhältlich.

Selbst gemachter Essig: 1 Flasche guten Rotwein in eine Flasche von 2 Liter Inhalt (mit weitem Hals) giessen und die Öffnung mit einem Wattebausch verschliessen oder ein leichtes Tüchlein darüber legen. (Auf keinen Fall die Flasche luftdicht verschliessen. Es soll Sauerstoff dazu kommen.) Die Umgebungstemperatur sollte 15–30 Grad betragen. Nach 14 Tagen haben Sie bereits einen feinen Essig ohne fremde Zusätze.

In der Flasche bildet sich ein quallenartiges Gebilde (die so genannte Essigmutter). Etwa alle 2–3 Monate sollte der Essig in ein neues Gefäss geleert werden, den Bodensatz entfernen und die Essigmutter sorgfältig in frischem Wasser waschen. Danach alles wieder in die Flasche zurückgeben. Von Zeit zu Zeit etwas frischen Wein nachgiessen, damit die Bakterien wieder Nahrung haben. Je besser der Wein, umso besser der Essig.

Gemüse und Obst: Am besten schmecken Salate und Gemüse, wenn sie **Saison** haben. Halten Sie auf dem Wochenmarkt Ausschau nach **Frischware,** wenn möglich aus **biologischem Anbau.** Dasselbe gilt auch für **Obst.** Zitrusfrüchte sind wegen allgemeiner Unverträglichkeit wegzulassen.

Getreide, Mehl: Bevorzugen Sie Getreide und Mehl aus **biologisch-**organischem oder **biologisch-**dynamischem Anbau. Für den alltäglichen Gebrauch steht bei uns das Weizenmehl an erster Stelle; viele Menschen leiden aber an einer Weizenallergie. Sie können die meisten Rezepte auch mit anderen Mehlen zubereiten, z.B. **Dinkelmehl, Roggenmehl, Gerstenmehl**, oder diese Mehle mischen, eventuell auch mit einem Anteil **Reismehl.** Nur wo ausdrücklich vermerkt, ist Weissmehl gemeint; sonst verwenden Sie **Halbweissmehl** (halb helles, halb Graumehl) oder **Dinkelruchmehl** (-graumehl). Für Brote können Sie Halbweissmehl (halb helles, halb Graumehl), Ruchmehl (Graumehl) und Vollkornmehl mischen.

Hefe: Wenn in den Rezepten Hefe verwendet wird, ist immer **Frischhefe** gemeint (in Würfeln zu 42 g oder in Bäckereien offen erhältlich). Trockenhefe enthält Emulgator und ist für diese Diät nicht geeignet. Sehr gut verträglich ist **Bio-Hefe** (z.B. Naturaplan-Hefe von Coop).

Kräuter: Um die Salzmenge allgemein zu reduzieren und dennoch schmackhafte Gerichte zu kochen, werden in den Rezepten viel **Kräuter** verwendet. Geizen Sie nicht damit. Im Sommer haben Sie vielleicht selbst angebaute Kräuter aus dem Garten, vom Balkon oder Fenstersims, sonst kaufen Sie sie auf dem Wochenmarkt. Im Winter greifen Sie auf getrocknete Mischungen zurück. Da in den Rezepten oft anstelle von Bouillon Wasser verwendet wird, ist die Zugabe von Kräutern unentbehrlich.

Milch, Rahm: Milch wird bei Stoffwechselkrankheiten meist nicht vertragen, daher weglassen! Anstelle der Milch verwendet man eine **Rahm-Wasser-Mischung** im Verhältnis **1:3** (z.B. 100 ml Rahm und 300 ml Wasser). Sämtliche Produkte, deren Grundstoff Milch ist, also Joghurt, Quark, Mascarpone, Molke, Buttermilch, Weich- und Hartkäse, Schmelzkäse, sind ebenfalls wegzulassen. Die Verträglichkeit von Joghurt und Rahm können Sie gelegentlich selbst austesten. Bei Sauerrahm (Crème fraîche) und Rahm achten Sie darauf, dass sie **keine Bindemittel** enthalten. **Rahm in braunen Gläsern** enthält meist keine Bindemittel (Deklaration beachten), uperisierter Rahm und Halbrahm enthalten Bindemittel und sollten deshalb gemieden werden, Kaffeerahm enthält Stabilisatorsalze. Es ist möglich, dass ganz kleine Mengen **Ziegenkäse oder Schafmilchkäse** verträglich sind. Achten Sie jedoch auf die genaue Deklaration, oft werden diese Sorten mit Kuhmilch gemischt im Zweifelsfall nachfragen.

Als Ersatz für Milch ist im Reform- oder Naturkosthandel **Reismilch** (in Tetra-Packung) erhältlich. Sie ist vielseitig verwendbar, wie etwa zur Zubereitung von Milchreis oder zum Anrühren von Flocken. Reismilch sollte jedoch nicht als Ersatzgetränk an Stelle von Milch verwendet werden. Von Sojamilch, Sojajoghurt usw. raten wir ab. Viele Milcheiweissallergiker vertragen Sojaeiweiss nicht.

Nüsse: Von den vielen Nusssorten vertragen hyperaktive Personen lediglich Mandeln. Diese wirken im Körper nicht säurebildend. Im Handel sind verschiedene Sorten Mandelmus erhältlich: weisses Mandelmus und Mus aus gerösteten Mandeln (braun). Es eignen sich beide für alle Zubereitungsarten. Es dient als Brotaufstrich, in Salatsaucen, zur Zubereitung von Nachspeisen.

Nussmus aus Baumnüssen oder Erdnüssen werden nicht vertragen.

Paniermehl: Brot mit einer Gemüseraffel, Mandelmühle oder im elektrischen Blitzhacker (Cutter) zerkleinern oder an der Bircherraffel fein reiben. Anschliessend durch ein Sieb streichen. So erhält man ein besonders feines, gleichmässiges Paniermehl.

Oder: Frisches Brot in feine Scheiben schneiden, auf einem Blech im Backofen trocknen. Anschliessend in einen Plastiksack geben und mit dem Teigroller zerkleinern.

Rahm, Mehl-Butter-Mischung: Scheint Ihnen die Rahmzugabe zu reichlich, können Sie sie ohne weiteres reduzieren und stattdessen etwas mehr Wasser nehmen. Damit das Gericht oder die Sauce nicht zu dünnflüssig wird, brauchen Sie einen Binder: Verkneten Sie dazu 1–2 TL zimmerwarme Butter oder Olivenöl mit 2 TL Mehl (beurre manié), und geben Sie diese Mischung langsam portionenweise der kochenden Flüssigkeit bei. Oder Sie rühren 1 TL Kartoffel- oder Marantamehl (Pfeilwurzelmehl) mit wenig Wasser an und fügen es bei. Das Gericht wird damit aber nicht ganz so fein wie mit der Mehl-Butter-Mischung.

Schinken, Speck, Brät, Salami usw.: Selbstverständlich nur **zusatzstofffreie Qualität** verwenden. Diese Produkte erhalten Sie in der Schweiz neben anderen Wurstwaren auf Bestellung bei verschiedenen Metzgereien. Adressen über den AEV, siehe Seite 131.

Senf: Gekaufter Senf enthält Konservierungsmittel. Hier ein Rezept für selbst gemachten Senf: 60 g Senfkörner, 2 grob zerkleinerte Zwiebeln, 2 grob gehackte Knoblauchzehen, 125 ml Obstessig, 1/2 TL Salz, Pfeffer, evtl. frischen Estragon im Mixer pürieren. Dann die Masse unter ständigem Rühren kochen, bis sie dicklich ist. Sofort in heiss ausgespülte Gläser (mit Schraubverschluss oder Gummiring) abfüllen und verschliessen. Einige Tage in den Kühlschrank stellen, damit die Aromastoffe sich entwickeln. Da dieser Senf keine Konservierungsmittel enthält, muss er innerhalb von wenigen Wochen aufgebraucht werden.

Teige: Meiden Sie gekaufte Fertigteige, sie enthalten Konservierungsmittel, meistens Propionsäure und ihre Salze. Machen Sie die Teige selbst, Rezepte dazu finden Sie in diesem Kochbuch.

Vanillezucker: In einigen Rezepten (Desserts, Backwaren) wird Vanillezucker verwendet. Er ist nicht zu verwechseln mit Vanillinzucker, der künstliche Aromen enthält. **Vanillezucker** ist im Reform- oder Naturkosthandel erhältlich oder lässt sich selbst herstellen. Geben Sie dazu in ein Schraubglas ca. 100 g Zucker und fügen Sie die aus 2 Vanilleschoten herausgekratzten Samen bei. Etwa zwei Wochen ruhen lassen, dann ist der Zucker herrlich aromatisiert und kann nach Rezeptangabe verwendet werden (nur teelöffelweise in kleinen Mengen).

Zucker: Menschen, die an Stoffwechselkrankheiten leiden, sind oft Süssem sehr zugetan. Unser Zuckerkonsum beträgt inzwischen 50 kg pro Jahr und Person. Alle weissen Zuckerarten sind chemisch reine Substanzen, also «leere» Kalorienträger. Sie werden vom Körper nicht gebraucht und sind in unserer Ernährung entbehrlich.

Neben dem Zucker, den wir in unserer Küche brauchen (etwa ein Viertel des Gesamtkonsums), nehmen wir in Fertig- und Halbfertigprodukten und oft dort, wo wir ihn gar nicht vermuten, z.B. in Wurstwaren, Fertigsaucen und -suppen, Salatdressings, Tomatenketchup, Bouillonwürfeln, Zucker zu uns. Grundsätzlich muss auf gekauften Produkten lediglich der weisse Fabrikzucker deklariert werden; auf der Verpackung steht dann: Glukosesirup, Maltose, Fructose, Laktose und modifizierte Stärke, dies sind alles Namen für verschiedene Zuckerarten. Ein Becher Fruchtjoghurt kann bis zu 6 Stück Würfelzucker enthalten.

Bei dieser Ernährungsform sollte auf jegliches Süssen der Speisen mit herkömmlichen Süssstoffen verzichtet werden. In den vorliegenden Rezepten empfehlen wir zum Süssen **Stevia.** Die in Südamerika heimische Steviapflanze wird dort seit Jahrhunderten als Süssmittel gebraucht. Bei uns sind in der Drogerie folgende Steviaprodukte erhältlich: **Steviablätter,** getrocknet und zerkleinert, **Stevia-**

pulver oder -puder, grün (pulverisierte Blätter), **Steviaextrakt,** flüssig. Das grüne Steviapulver wird zum Süssen von Getränken, als Beigabe in Müesli, über Kuchen gestreut usw. verwendet. Es besitzt die 30fache Süsskraft von Haushaltzucker. Im Gegensatz zu den künstlichen Süssstoffen (Assugrin usw.) ist Stevia ein reines Naturprodukt, bei dem keine toxischen Nebenwirkungen feststellbar sind.

Zu den Zuckerprodukten werden auch Birnendicksaft, Honig, Ahornsirup, Palmzucker, Dattel- oder Malzextrakt sowie Agavensirup gezählt. Diese Süssmittel sind nicht ganz so stark verarbeitet wie der isolierte Zucker. Trotzdem handelt es sich auch dabei um konzentrierte Süssmittel, die, im Übermass genossen, die gleichen negativen Auswirkungen auf den Organismus haben wie «weisser» Zucker.

Zuckerwasser aus Stevia: Getrocknete Steviablätter mit heissem Wasser übergiessen, kurz ziehen lassen, dann abfiltern. Das so gewonnene «Zuckerwasser» kann beliebig zum Süssen von Kaffee, kalten Cremen, Sirup, Glace oder selbst gemachtem Fruchtmus verwendet werden.

Frühstücksideen

- Nur Bioprodukte verwenden!
- Keine fertigen Frühstücksflocken
- Keine fertigen Flockenmischungen, die Flocken selbst mischen
- Dinkelbrot oder Dinkelzopf
- Selbst gemachtes Zwetschgenmus
- Pflaumen-Bananen-Aufstrich
- Bei Brotfrühstück vorher eine Frucht essen
- Wenig Schaf- oder Ziegenkäse aufs Brot
- Geraffelte Karotten aufs Brot
- Mandelmus
- Getränke: Kräutertee, Grüntee, Wasser, Reismilch
- Kein Rahm-Wasser-Gemisch zum Trinken

Dinkel-Hirse-Müesli

Für 1 Person

2 EL Dinkelflocken
2 EL Hirseflocken
wenig Wasser zum Einweichen
½ Apfel
½ Banane
1 TL geriebene Mandeln
2 Tropfen Stevia
2–3 EL Reismilch

Die Dinkelflocken kurz in ganz wenig Wasser einweichen. Mit den Hirseflocken mischen. Den Apfel fein reiben, die Banane in Rädchen schneiden und mit den übrigen Zutaten unter die Flocken mischen.

Tipp:
Je nach Saison können auch andere Früchte verwendet werden.

Dinkelmüesli

Für 1 Person

2–3 EL Dinkelflocken
wenig Wasser zum Einweichen
1 Apfel
1 TL Mandelpüree
2 Tropfen Stevia
2–3 EL Reismilch

Die Dinkelflocken etwa 5 Minuten in wenig Wasser einweichen.
Den Apfel auf der Bircherraffel fein reiben und mit den anderen Zutaten unter die Flocken mischen.

Zwetschgenmus

500 g reife Zwetschgen oder Pflaumen
1/2 Stange Zimt
oder etwas Vanillepulver

Die Zwetschgen klein schneiden und weich kochen. Wenn sie gar sind, pürieren. Das Püree zurück in den Topf geben, Zimt oder Vanillepulver hinzufügen und das Püree bei ganz kleiner Hitze langsam zu einem Mus eindicken lassen.
In Schraubgläser füllen und im Kühlschrank aufbewahren.

Tipps:
Auch tiefgekühlte Zwetschgen eignen sich für diese Zubereitung.
Kann auch mit Aprikosen zubereitet werden.
Am Ende der Kochzeit probieren und eventuell mit einigen Tropfen Stevia süssen.

Pflaumen-Bananen-Aufstrich

125 g ungeschwefelte getrocknete Pflaumen ohne Stein
etwas abgeriebene Zitronenschale (Bioqualität)
5 EL Wasser
120 g Banane, vollreif
1 Msp. Salz
Zimt- und Vanillepulver

Die Pflaumen in Stücke schneiden, die abgeriebene Zitronenschale dazugeben und mit dem Wasser über Nacht einweichen. Anschliessend zusammen mit der Banane und den Gewürzen im Mixer pürieren.
Die Masse abschmecken und durchziehen lassen.
Im Kühlschrank aufbewahrt, hält sich der Aufstrich etwa 5 Tage.

Mandelmusdrink

2 EL Mandelmus, weiss
1/4 l Wasser
200 ml Apfelsaft oder Apfel-Mango-Saft
1/2 Banane

Alle Zutaten zusammen in den Mixer geben und 2–3 Minuten gut durchmixen.

Tipp:
Statt der Banane können Sie einige frische Beeren oder andere Früchte mitmixen.

Brote und Brötchen

- Nur Bioprodukte verwenden!
- Achten Sie beim gekauften Brot auf die Zutatenliste; bei der Herstellung werden verschiedene Stoffe verwendet, z.B. damit das Brot länger frisch bleibt, damit es bei der Herstellung weniger an Gewicht verliert, damit es rascher gebacken werden kann, eine schöne Kruste erhält usw.
- Vielen Dinkelbroten wird Weizen beigemischt, ohne dass es deklariert ist!
- Im Reformhaus oder Naturkostladen werden feine Brote aus gesunden Zutaten verkauft; achten Sie trotzdem auch hier auf die Zusammensetzung.
- Brotbacken ist keine Hexerei. Backen Sie eine grössere Menge aufs Mal, und frieren Sie einen Teil der Brote ein.
- Mit Biohefe gebacken bleiben die Brote länger feucht.
- Mischen Sie Dinkel- mit Roggenmehl oder zur Abwechslung mit wenig Gerstenmehl.
- Eine Hand voll Kastanienmehl unter das Mehl gemischt, falls verträglich, mundet ausgezeichnet.
- Knäckebrot gibt es aus reinem Roggenmehl und nach Belieben mit Sesam bestreut.
- Der Sonntagszopf schmeckt auch ausgezeichnet, wenn Sie anstelle von Butter Olivenöl oder Sonnenblumenöl und statt der Rahm-Wasser-Mischung Reismilch nehmen.
- Probieren Sie selbst andere gute Mischungen aus verschiedenen Mehlsorten aus.

Backfermentbrot

Am Beispiel eines Roggen-Dinkel-Brots

Erste Stufe am Vorabend

Für den Vorteig:

1 gehäufter TL Backferment-Granulat (Reformhaus)
400 ml warmes Wasser (30 Grad)
400 g Dinkelruchmehl (-graumehl)
1 EL Grundansatz (im Reformhaus bestellen)

Das Backferment-Granulat klumpenfrei im warmen Wasser auflösen. Mit dem Mehl zu einem Brei verrühren. Bei einer Raumtemperatur von wenigstens 20 Grad mindestens 12 Stunden stehen lassen (längere Zeit schadet nicht).
Der Teig darf keinesfalls abtrocknen, daher mit einer Klarsichtfolie direkt auf dem Teig und zusätzlich mit einem feuchten Tuch bedecken.
Nach 12 Stunden sollte der Vorteig fertig sein; er steigt dann nicht mehr hoch, und wenn die oberste Schicht aufgerissen wird, zeigen sich viele Gärbläschen.
Von diesem Teigansatz können Sie 2 EL für einen späteren Backvorgang abnehmen und in einem Schraubglas im Kühlschrank aufbewahren.
Der Teigansatz hält sich mehrere Monate.

Zweite Stufe am folgenden Morgen

Für den Hauptteig:

600 g Roggenmehl
2 TL Salz
300 ml Wasser (55 Grad – unbedingt messen, sonst gelingt der Teig schlecht!)

Das Salz gut unter das Mehl mischen. Wasser und Mehl zum Teigansatz geben, alles miteinander vermengen, mit einem feuchten Tuch bedecken und an einem warmen Ort etwa 1 Stunde gehen lassen. Der Teig sollte dann eine gute Lockerung zeigen und etwas aufgegangen sein.
Den Teig in gebutterte Cakeformen füllen und mit lauwarmem Wasser bestreichen. Die Brote mit einem feuchten Tuch bedeckt an einem warmen Ort noch einmal 30–45 Minuten gehen lassen.
Die Gärzeit ist beendet, wenn das Brot etwas abgeflacht ist und sich an seiner Oberfläche feine Risse zeigen.

Backen: Den Ofen auf 230 Grad vorheizen.
Die Cakeformen zusammen mit einer Schale mit heissem Wasser auf der untersten Rille einschieben. Nach 10 Minuten die Schale Wasser entfernen, die Ofentemperatur auf 200 Grad reduzieren und die Brote 35–40 Minuten fertig backen. Das Brot soll, wenn man auf die Unterseite klopft, hohl tönen.

Dinkelfladen mit Sesam

150 g Dinkelruchmehl (-graumehl)
50 g Reismehl (im Reformhaus mahlen lassen)
1 TL Meersalz
50 ml Olivenöl
100 ml Wasser
Sesamsamen

Alle Teigzutaten gut mischen und zu einem weichen Teig verarbeiten. Mit einem feuchten Tuch bedeckt 30 Minuten ruhen lassen.
Den Teig nochmals gut durchkneten. Auf Sesamsamen zu beliebig grossen hauchdünnen Fladen auswallen. Auf ein mit Backpapier ausgelegtes Blech legen.

Backen: Den Ofen auf 200 Grad vorheizen und die Fladen etwa 5 Minuten goldbraun backen.

Tipp:
Die Fladen sind in einer gut verschlossenen Blechdose ein paar Wochen haltbar.
Ein feiner Snack für zwischendurch oder zum Aperitif.

Hausbrot

1,5 kg Dinkelruchmehl (-graumehl)
oder 1,2 kg Dinkelruchmehl (-graumehl)
und 300 g Roggenvollkornmehl
3 gehäufte TL Salz
15 g Frischhefe
900 ml Wasser

Das Mehl in eine grosse Teigschüssel geben, das Salz darunter mischen.
Die Hefe mit etwas lauwarmem Wasser auflösen und zusammen mit dem Wasser zum Mehl giessen. Alles gut mischen und etwa 15 Minuten von Hand oder 5–7 Minuten mit der Küchenmaschine kneten. Den Teig mit einem feuchten Tuch bedecken und 2–3 Stunden gehen lassen, bis das Volumen sich verdoppelt hat.
Nach dem Aufgehen den Teig nochmals kurz kneten, in drei Teile schneiden und jeden zu einem Brotlaib formen. Die Laibe auf ein Blech legen, bemehlen und einschneiden.

Backen: Den Ofen auf 230 Grad vorheizen. Die Brote zusammen mit einer Schale mit heissem Wasser auf der untersten Rille einschieben, 10 Minuten backen, dann die Temperatur auf 180 Grad zurückschalten und die Brote weitere 25–30 Minuten backen. Das Brot soll, wenn man auf die Unterseite klopft, hohl tönen.

Tipp:
Aus demselben Teig können Sie auch kleine Brötchen (Mutschli) formen, beliebig einschneiden.
In diesem Fall beschränkt sich die gesamte Backzeit auf 20–25 Minuten, je nach Grösse der Brötchen.

Urbrot aus der Pfanne

300 g Gerstenmehl
1 TL Salz
2 EL Olivenöl
200 ml Wasser

Mehl, Salz und Öl mischen. Das Wasser nach und nach mit einer Gabel dazurühren, bis ein klebriger Teig entsteht. Den Teig kurz kneten, dann etwa 15 Minuten ruhen lassen.
Den Teig zu 4 Kugeln formen, diese platt drücken und etwa 3 mm dick auswallen.
Die Fladen in einer Bratpfanne ohne Fettzugabe bei mittlerer bis guter Hitze beidseitig bräunen.
Schmeckt lauwarm sehr fein!

Früchtebrot

1/2 Menge Backferment-Brotteig (Seite 60)
600 g gemischtes Dörrobst (Birnen, Zwetschgen, Feigen, Rosinen, Äpfel usw.)
1/2 Zitrone (Bioqualität), abgeriebene Schale
200 ml Wasser
2 EL Kürbiskerne
1 TL Birnbrotgewürz

Den Brotteig nach Rezept zubereiten.
Das Dörrobst in grobe Stücke schneiden. Mit der abgeriebenen Zitronenschale und 200 ml Wasser mischen und über Nacht oder mindestens 2–3 Stunden einlegen. Das Dörrobst zusammen mit den Kürbiskernen und dem Birnbrotgewürz in den fertig aufgegangenen Teig einarbeiten. (Anfänglich scheinen es zu viel Früchte zu sein; wenn alles gut gemischt ist, stimmt das Verhältnis aber.)
Den Teig in eine gebutterte Cakeform von 28 cm Länge füllen.

Backen: 45–50 Minuten im auf 200 Grad vorgeheizten Ofen. Die Oberfläche eventuell gegen Ende der Backzeit mit Alufolie bedecken, da sonst die Früchte zu dunkel werden.

Tipps:
Man kann den Teig auch in Portionenförmchen füllen. Backzeit: je nach Grösse 25–35 Minuten.
Das Früchtebrot als Zwischenmahlzeit anstelle von Brot mit Konfitüre oder Honig geniessen.
Das Früchtebrot ist 8–10 Tage haltbar. Fest in Folie eingepackt und im Kühlschrank aufbewahrt sogar 2–3 Wochen.

Salate

- Nur Bioprodukte verwenden
- Kaltgepresstes Olivenöl und Essig ohne Konservierungsmittel verwenden, keinen Zitronensaft
- Keine fertigen Salatsaucen und Dressings
- Anstelle von fertigen Gewürzmischungen Salz, Pfeffer und frische oder getrocknete Kräuter
- Keine Fertigsalate, sie enthalten Konservierungsstoffe
- Nach Möglichkeit Salate und Gemüse aus biologischem Anbau
- Keine Maiskörner, weder frisch noch aus der Dose
- Tomaten vermeiden
- Peperoni (Paprika) nur verwenden, wenn als verträglich ausgetestet

Chinakohlsalat mit Sardellen

1 kleiner Chinakohl
8 Sardellenfilets, klein geschnitten
1 Knoblauchzehe, fein gehackt
1 ½ EL Essig
2 EL Olivenöl
Salz, Pfeffer aus der Mühle

Den Chinakohl waschen, dicke Rippen entfernen und den Salat in feine Streifen schneiden. Mit allen weiteren Zutaten mischen und mindestens 1 Stunde zugedeckt ruhen lassen.

Crudités mit Gemüsedip

Diverse Gemüse, z.B. Stangensellerie, Karotten, Radieschen, Gurken, Peperoni (Paprika), Rettich, weisser Chicorée, in 10 cm lange Stäbchen geschnitten

Gemüsedip:
½ kleine Zwiebel
100 g Radieschen
100 g Salatgurke
100 g Karotten
Salz, Pfeffer aus der Mühle, Essig
1 EL Schnittlauch, fein geschnitten

Für den Gemüsedip alle Zutaten ausser dem Schnittlauch im Cutter oder Mixer pürieren. Eventuell ganz wenig Wasser beifügen. Den Schnittlauch darunter mischen.

Tipp:
Diese Gemüsestäbchen sind bei Kindern – selbst bei Gemüsemuffeln – die absoluten Favoriten. Zusammen mit einem Butterbrot ein wunderbares Nachtessen oder eine feine Zwischenmahlzeit.

Gemischter Salat

1 Kopf Blattsalat
2 Karotten
1 Kohlrabi
1 kleine Gurke
1 Fenchelknolle
1 Stange Sellerie
1 TL Senf
3 EL Essig
5 EL kaltgepresstes Olivenöl
Salz, Pfeffer aus der Mühle
1–2 EL Kürbiskerne oder Sonnenblumenkerne

Den Salat mundgerecht zerkleinern. Sämtliches Gemüse in feine Scheiben oder Stäbchen schneiden. Senf, Essig und Olivenöl gut verrühren, mit Salz und Pfeffer abschmecken. Salat und Gemüse beigeben und gut vermischen.
Die Kürbis- oder Sonnenblumenkerne in einer Pfanne ohne Fettzugabe rösten und über den Salat streuen.

Tipp:
Für ein einfaches Sommernachtessen 1–2 in Scheiben geschnittene Cervelatwürste darunter mischen (Spezialmetzgerei, Adressliste beim AEV anfordern).

Zucchini-Karotten-Salat Florentiner Art

500 g Zucchini, in feine Scheiben geschnitten
500 g Karotten, geschält oder geschabt, in feine Scheiben geschnitten
4 EL Olivenöl
1–2 EL Essig
1 EL frischer Basilikum, grob geschnitten
Salz, Pfeffer aus der Mühle

Zucchini und Karotten getrennt über Dampf knackig kochen. Gut abtropfen lassen, mischen, mit Salz und Pfeffer würzen.
Das Olivenöl mit dem Essig mischen und über das noch lauwarme Gemüse giessen. Etwas ziehen lassen, dann mit dem Basilikum bestreuen. Den Salat lauwarm oder kalt servieren.

Tipp:
Diese italienische Spezialität schmeckt hervorragend zu grilliertem Fleisch.

Teigwarensalat

250 g Dinkelteigwaren ohne Ei

Sauce:
1 TL Senf
1/4 TL Salz
Pfeffer aus der Mühle
3 EL Essig
6 EL kaltgepresstes Olivenöl
1/2 Knoblauchzehe, gepresst
2 Avocados (Bioqualität) oder Gemüsemischung
1 Dose Thunfisch (ca. 200 g), abgetropft, zerzupft

Die Teigwaren in Salzwasser bissfest kochen, abgiessen, kalt abspülen und gut abtropfen lassen.
Für die Sauce den Senf mit Salz, Pfeffer und dem Essig verrühren, die Knoblauchzehe dazupressen und das Öl darunter rühren.
Die Avocados halbieren, den Kern entfernen, die Früchte schälen und in kleine Würfel schneiden. Damit sie sich nicht verfärben, sofort mit einem Teil der Salatsauce vermischen.
Die Teigwaren mit der restlichen Sauce mischen und abwechselnd mit den Avocados und dem Thunfisch in eine Salatschüssel schichten.

Kartoffelsalat

1 kg Kartoffeln (keine mehlig kochende Sorte verwenden!)
150 ml Gemüsebouillon (aus dem Reformhaus)
1 TL Salz
5 EL Weissweinessig

Sauce:
1/2 EL Senf
3–4 EL Wasser
2 EL kaltgepresstes Olivenöl
Schnittlauch und Majoran, fein geschnitten

Die Kartoffeln in der Schale über Dampf oder im Dampfkochtopf knapp weich kochen, leicht auskühlen lassen, schälen und in nicht zu dünne Scheiben schneiden.
Die Bouillon aufkochen, Salz und Essig beigeben und über die Kartoffeln giessen. Mindestens 30 Minuten ziehen lassen. Danach noch verbleibende Flüssigkeit abgiessen.
Für die Sauce alle Zutaten mischen und unter die Kartoffeln mischen. Nochmals abschmecken.

Tipp:
Dieser Kartoffelsalat schmeckt auch ausgezeichnet mit Essig, Olivenöl, klein gewürfelten schwarzen Oliven und viel geschnittener Petersilie.

Patissonsalat mit Sauce Vinaigrette

2 junge Patissons (Bischofsmützen), ca. 500 g, in feine Scheiben geschnitten

Sauce:
½ Bund Petersilie, fein gehackt
½ Bund Schnittlauch, fein geschnitten
1 kleine Zwiebel, fein gehackt
1 Knoblauchzehe, gepresst
1 TL frischer Basilikum, fein geschnitten
2 EL Essig
4 EL kaltgepresstes Olivenöl
½ TL Salz
Pfeffer aus der Mühle
einige grüne oder schwarze Oliven

Die Patissonscheiben portionenweise in einer Pfanne ohne Fett auf beiden Seiten goldbraun braten. Die Scheiben fächerartig auf 4 Tellern anrichten, leicht salzen.
Für die Sauce alle Zutaten zu einer sämigen Sauce verrühren und über die Patissonscheiben giessen. Mit grünen oder schwarzen Oliven garnieren, lauwarm servieren.

Goldhirsesalat

200 g Hirse
200 ml Wasser
1 Tomate (falls verträglich, sonst weglassen)
½ Zucchini
½ gelbe Peperoni (Paprika) (falls verträglich, sonst durch anderes Gemüse ersetzen)
½ TL Currypulver

Sauce:
2 EL Essig
Salz, frische Kräuter, gehackt
Pfeffer aus der Mühle
4 EL Olivenöl

Die Hirse in einem Mehlsieb unter fliessendem heissem Wasser gründlich waschen. Auf einem Backblech ausbreiten und bei 50 Grad im Backofen 20 Minuten darren. (Dabei verliert die Hirse den etwas bitteren Geschmack.)
Die Hirse mit dem Wasser aufkochen, bei mittlerer Hitze 5 Minuten köcheln lassen, von Zeit zu Zeit umrühren, dann zugedeckt 40 Minuten auf der ausgeschalteten Herdplatte nachquellen lassen, dabei öfter umrühren. Die Hirse auskühlen lassen.
Das Gemüse klein würfeln. Die Salatsauce anrühren. Beides mit der Hirse mischen und mit dem Currypulver abschmecken.

Tipp:
Dazu schmeckt ein kurz gebratenes Gemüse, wie z.B. Aubergine, Zucchini, Patisson. Das Gemüse in feine Scheiben schneiden, mit Salz und Pfeffer würzen und im Olivenöl kurz braten.

Nüsslisalat mit Knoblauchbrot

50 g Frühstücksspeck (Spezialmetzgerei), in feine Streifchen geschnitten
5 EL kaltgepresstes Olivenöl
2 EL Essig
1 TL Provencekräuter
Salz, Pfeffer aus der Mühle, Paprika
250 g Nüsslisalat (Feldsalat)
nach Wunsch einige frische Champignons, in feine Scheibchen geschnitten

Knoblauchbrot:
50 g Butter
4 Knoblauchzehen
4 Scheiben Dinkelbrot

Den Speck ohne Fett in einer Bratpfanne knusprig braten.
Alle Zutaten zur Salatsauce verrühren und mit dem Nüsslisalat (und nach Belieben den Champignons) vermischen.

Für das Knoblauchbrot die Butter leicht schaumig rühren und den durchgepressten Knoblauch darunter mischen. Die Brotscheiben dick damit bestreichen und im 220 Grad heissen Ofen backen, bis die Butter geschmolzen ist.

Tipp:
Auch mit Lollo bianco oder rosso oder Endivie schmeckt dieser Salat ausgezeichnet.

Exotischer Karottensalat

300 g Karotten, gebürstet oder geschält
300 g Kohlrabi, geputzt
1 EL Weissweinessig
2 EL Olivenöl
1/2 EL Petersilie, fein gehackt
1/2 TL Ingwer, frisch gerieben

Die Karotten und Kohlrabi (roh) an der Röstiraffel reiben.
Die Zutaten zur Salatsauce mischen und mit dem Gemüse vermengen.

Tipp:
Teller mit Blattsalat auslegen, mit etwas zusätzlicher Salatsauce beträufeln und diesen erfrischenden Karottensalat darauf anrichten. Dazu passen sehr gut Kartoffeln in der Schale (Gschwellti) oder ein feines frisch gebackenes Brot.

Suppen

- **Nur Bioprodukte verwenden!**
- **Keine Beutelsuppen**
- **Nach Möglichkeit keine Fertigbouillonwürfel**
- **Nur verträgliche Gemüse verwenden**
- **Keinen Rahm zum Verfeinern**
- **Keine Hafersuppe**
- **Wenn zum Binden Mehl verwendet wird, dann Dinkelmehl**

Kürbissuppe

1 kg Kürbis, entkernt, geschält und in grobe Stücke geschnitten
1 Karotte, geschält, grob geschnitten
1 Kartoffel, geschält, grob geschnitten
½ Stange Lauch, in Stücke geschnitten
1 grosse Zwiebel, grob gehackt
1 l Wasser oder Gemüsebouillon
2 Lorbeerblätter
Salz, Pfeffer aus der Mühle, Curry, Muskatnuss, gerieben
evtl. 1 Zweig Selleriekraut, fein gehackt

Alle Gemüse zusammen mit der Bouillon oder dem Wasser und den Lorbeerblättern aufsetzen und 30–40 Minuten leise köcheln lassen. Die Lorbeerblätter entfernen, die Suppe durch ein Sieb passieren oder mit dem Stabmixer fein pürieren. Mit Salz, Pfeffer, Curry und Muskatnuss abschmecken, das fein gehackte Selleriekraut beifügen.

Tipps:
Kürbis hat ab September bis Ende Winter Saison.
Mit einem frisch gebackenen Brot oder mit gerösteten Brotwürfelchen ergibt dies ein feines Nachtessen.

Broccolisuppe

1 Zwiebel, fein gehackt
1 EL Öl
750 g Broccoli, in Röschen zerteilt
3/4 l Wasser oder Gemüsebouillon
Salz, Pfeffer aus der Mühle, Lorbeerblatt, wenig Thymian
4 EL Sauerrahm
1 EL Basilikum, fein geschnitten

Die Zwiebel im Öl andämpfen, den Broccoli beigeben und mit der Bouillon oder dem Wasser ablöschen. Salz, Pfeffer, Lorbeerblatt und Thymian beigeben und alles zusammen etwa 25 Minuten kochen lassen. Das Lorbeerblatt entfernen und die Suppe mit dem Stabmixer pürieren. Nochmals aufkochen, den Sauerrahm und den Basilikum beigeben, eventuell nachwürzen.

Tipp:
Den Sauerrahm, bevor man ihn beigibt, mit etwas Suppe gut verrühren, so bilden sich keine Klümpchen.

Kartoffelsuppe nach Emmentaler Art

1 kg Kartoffeln, geschält, gewürfelt
1/2 Stange Lauch, klein geschnitten
2 Karotten, geschält, klein geschnitten
1 Zwiebel, gehackt
1 EL Öl
1 l Wasser oder Gemüsebouillon
1 EL frischer Majoran, gehackt
2 EL Petersilie, gehackt
Salz, Pfeffer aus der Mühle, Muskatnuss
1 EL Essig

Das Öl erwärmen und das vorbereitete Gemüse 3–4 Minuten darin andämpfen, Wasser oder Bouillon dazugiessen und alles 30 Minuten kochen lassen. Mit dem Stabmixer pürieren.
Majoran und Petersilie hacken und zur Suppe geben. Mit Salz und Pfeffer und Muskatnuss würzen. Vor dem Anrichten den Essig beifügen.

Tipp:
Nach Belieben geröstete Brotwürfelchen dazu servieren.

Minestrone

1 EL Olivenöl
1 Zwiebel, gehackt
1 Knoblauchzehe, fein gehackt
½ Stange Lauch, in feine Streifen geschnitten
100 g grüne Gartenbohnen, halbiert
100 g Erbsen, tiefgekühlt, oder 300 g frische Erbsen (mit Hülsen; ergibt ca. 100 g enthülst)
2 Stangen Staudensellerie, in Streifen geschnitten
200 g Karotten, in ½ cm dicke Rädchen geschnitten
200 g Zucchini, fein gewürfelt
200 g Kartoffeln, fein gewürfelt
200 g Wirsing, in grobe Stücke zerteilt
200 g geschälte Tomaten (nur falls veträglich, sonst weglassen)
2 l Wasser
200 g Rundkornreis (Vialone)
½ EL Petersilie, gehackt
1 EL Basilikum, fein geschnitten
Salz, Pfeffer

Das Olivenöl erwärmen und die gehackte Zwiebel, den Knoblauch und den Lauch darin kurz andämpfen. Die Bohnen, die Erbsen und das restliche Gemüse dazugeben, salzen und etwa 5 Minuten mitdünsten. Das Wasser dazugiessen, alles aufkochen und anschliessend bei schwacher Hitze zugedeckt etwa 1 Stunde ziehen lassen.

Die Suppe erneut aufkochen, den Reis dazugeben und einmal kräftig umrühren. Sobald die Suppe wieder kocht, die Hitze reduzieren. Unter gelegentlichem Rühren den Reis 15–20 Minuten knapp gar kochen. Vor dem Servieren die geschnittenen Kräuter darüber streuen.

Tipp:
Je nach Saison kann auch anderes Gemüse verwendet werden, z.B. Spinat, Spargelspitzen, Kürbis, Patisson.
Bei Verträglichkeit etwas Parmesan oder Pecorino darüber streuen.

Karottensuppe

500 g Karotten, geschält, in Scheiben geschnitten
1 Kartoffel, geschält, in Scheiben geschnitten
1 Zwiebel, grob gehackt
1 EL Öl
1 l Wasser oder Gemüsebouillon
Salz, Pfeffer aus der Mühle
evtl. 1 EL Rahm

Das Öl erwärmen und das vorbereitete Gemüse darin etwas andünsten. Mit der Bouillon oder dem Wasser ablöschen und alles zugedeckt 20 Minuten köcheln lassen. Mit dem Stabmixer pürieren, mit Salz und Pfeffer abschmecken und nach Belieben mit dem Rahm verfeinern.

Tipp:
Eine Prise Curry, zusammen mit dem Gemüse angedünstet, gibt dieser Suppe einen besonderen Pfiff.

Fleischgerichte

- Nach Möglichkeit Biofleisch kaufen!
- Schweinefleisch wird meist schlecht vertragen.
- Kleine Fleischportionen essen, ca. 100 g pro Person und Mahlzeit.
- Zweimal Fleisch pro Woche genügt.

Wurstwaren:

Nur Würste aus Spezialmetzgerei kaufen; diese enthalten keine unerlaubten Zusätze (wie Milch/Milchpulver usw.). Als «phosphatfrei» deklarierte Wurstwaren enthalten immer noch Zusätze, die nicht vertragen werden. Adressen von Spezialmetzgereien erhältlich beim AEV, siehe Seite 131.

Gehacktes

500 g gehacktes Rindfleisch
2 EL Öl
1 EL Dinkelmehl
1 TL Paprika
1 Zwiebel, fein gehackt
1 Knoblauchzehe, gepresst
2–3 EL Kräuter, z.B. Petersilie, Majoran, Thymian, Rosmarin, Estragon, Maggikraut (Liebstöckel), Bohnenkraut, gehackt
200 ml Wasser
Salz, Pfeffer aus der Mühle

Das Öl in einer grossen Pfanne erhitzen. Das Fleisch portionenweise darin anbraten, dabei mit Mehl und Paprika bestäuben. Zwiebel, Knoblauch und die gehackten Kräuter zum Fleisch geben, mit dem Wasser ablöschen. Mit Salz und Pfeffer würzen und bei kleiner Hitze etwa 20 Minuten köcheln lassen.

Saftplätzli

600 g Saftplätzli (Rindfleischschnitzel), dünn geschnitten
1–2 EL Öl
2 grosse Zwiebeln, gehackt
Salz, Pfeffer aus der Mühle

Die Fleischscheiben mit Salz und Pfeffer würzen. Im sehr heissen Öl ganz kurz anbraten und auf einen Teller legen.
Die Zwiebeln im verbliebenen Fett andämpfen, herausnehmen. Abwechselnd Fleisch und Zwiebeln in den Brattopf schichten (eventuell zwei «Türme» nebeneinander). Die Fleischflüssigkeit vom Teller dazugiessen, den Topf gut zudecken und das alles bei kleiner Hitze 45 Minuten schmoren lassen.
Falls nötig, die Flüssigkeit mit wenig warmem Wasser ergänzen.

Fleischvögel

4 Scheiben Rindfleisch, sehr dünn geschnitten
8 Scheiben Speck
300 g Kalbsbrät (Spezialmetzgerei)
1 Gewürzgurke*, längs geviertelt
1 EL Mehl
2 EL Öl
100 ml Rotwein
200 ml Wasser oder Bouillon
Salz, Pfeffer aus der Mühle, Paprika

Die Fleischscheiben mit Salz und Pfeffer würzen, mit den Speckscheiben belegen, darauf das Brät verteilen und ausstreichen. Die Gurkenviertel darauf legen, die Fleischscheiben aufrollen und mit einem Zahnstocher fixieren. In Mehl wenden.
Das Öl im Brattopf erhitzen, die Fleischrouladen darin auf allen Seiten kräftig anbraten. Mit dem Rotwein ablöschen und diesen zur Hälfte einkochen lassen. Nach und nach Wasser oder Bouillon dazugiessen. Die Fleischrouladen in wenig Sauce etwa 45 Minuten gar kochen.

* Beim Kauf von Gewürzgurken auf die Deklaration achten (siehe Erklärungen auf Seite 52).

Tipps:
Die Fleischrouladen können gut einige Stunden im Voraus zubereitet werden. In der Sauce aufbewahren. Vor dem Servieren langsam aufwärmen.
Wenn Bananen gut vertragen werden, kann man zur Abwechslung ein Stücklein Banane neben die Gurke legen. Dazu 1 Banane quer, dann der Länge nach halbieren und in passend grosse Stengel schneiden.
Fleischrouladen können gut eingefroren werden.

Couscous

500 g Lammfleisch (ohne Fett) oder Rindfleisch, gehackt
1 EL Öl
1 grosse Zwiebel, gehackt
1 Bund Petersilie, gehackt
2 Kartoffeln, geschält, in grosse Würfel geschnitten
1 kleiner Kohlrabi, in Würfel geschnitten
3 Karotten, in feine Scheiben geschnitten
200 ml Wasser
1 kleine Msp. Safran
1 Zimtstange
1 Msp. Cayennepfeffer

250 g Dinkelcouscous
½ l Wasser
½ TL Salz

1–2 Zucchini, in Scheiben geschnitten
1 Aubergine, in Scheiben geschnitten
etwas Olivenöl
Pfeffer aus der Mühle

Das Öl erhitzen, darin das gehackte Lammfleisch anbraten. Die Zwiebel, die Petersilie und das Gemüse zum Fleisch geben, kurz andämpfen, dann mit dem Wasser ablöschen, die Gewürze dazugeben und zugedeckt bei kleiner Hitze 30 Minuten garen.
Den Dinkelcouscous zusammen mit dem Wasser und ½ TL Salz aufkochen, 5 Minuten kochen lassen, dann 30 Minuten auf der ausgeschalteten Herdplatte ausquellen lassen.
Die Zucchini- und Auberginenscheiben zur Fleisch-Gemüse-Mischung geben und etwa 15 Minuten darin garen. Den Couscous mit einigen Tropfen Olivenöl abschmecken. Auf einer Platte anrichten, das Gemüse und Fleisch darauf verteilen oder separat dazu reichen.

Fleischkuchen

500 g geriebener Teig oder 300 g geriebener Teig für den Boden und 200 g Blätterteig (Reformhaus)

Füllung:
400 g gehacktes Fleisch (Rind oder Rind/Kalb)
1 Zwiebel, fein gehackt
1 EL Öl
Majoran, Thymian, Liebstöckel (Maggikraut), Petersilie, gehackt
1 Knoblauchzehe
100 g Speck (Spezialmetzgerei), gehackt
Salz, Pfeffer aus der Mühle
1 EL Rahm
4 EL Wasser
Salz, Pfeffer aus der Mühle

Ein gefettetes Kuchenblech mit 300 g geriebenem Teig auslegen, so dass er etwas über den Rand hängt. Den Teigboden mit einer Gabel einstechen.
Den restlichen Teig für den Deckel ausrollen und bereithalten.
Das Hackfleisch in eine Schüssel geben. Die Zwiebel in wenig Öl kurz dünsten, die Kräuter hinzufügen, den Knoblauch dazupressen und alles zum Hackfleisch geben. Den Speck sowie Rahm und Wasser hinzufügen, mit Salz und Pfeffer kräftig würzen. Die Masse muss saftig und darf nicht trocken sein.
Die Füllung auf dem Teigboden verteilen und glatt streichen. Ringsum den überhängenden Teigrand auf das Fleisch drücken, mit einem nassen Pinsel befeuchten. Den Teigdeckel darauf legen und am Rand gut andrücken. Mit den Zinken einer Gabel entsteht zugleich ein hübsches Muster. Den Teigdeckel mit der Gabel regelmässig einstechen und in der Mitte ein kleines Loch ausstechen, damit der Dampf beim Backen entweichen kann.
Im auf 200 Grad vorgeheizten Backofen auf der zweituntersten Rille etwa 40 Minuten backen.

Tipp:
Wenn Sie für den Deckel Blätterteig verwenden, wird der Kuchen noch besser.

Hamburger

500 g gehacktes Rindfleisch
1 Zwiebel, fein gehackt
viel Petersilie und andere frische oder getrocknete Kräuter, gehackt
1 EL Öl
1 TL Salz
Pfeffer aus der Mühle
Olivenöl zum Braten

Das Hackfleisch in eine Schüssel geben. Die Zwiebel und die Kräuter im Öl kurz andämpfen. Zum Fleisch geben, mit Salz und Pfeffer würzen und alles gut verkneten. Aus der Masse Hamburger formen.
Die Hamburger in wenig Olivenöl ganz langsam auf jeder Seite etwa 5 Minuten gar braten.

Geschnetzeltes Burgunder Art

1 EL Öl
100 g Speckwürfelchen
400–500 g geschnetzeltes Rindfleisch
1 EL Mehl
100 g Zwiebeln oder Schalotten, fein gehackt
150 ml Rotwein
frische Kräuter, z.B. Rosmain, Estragon, Majoran, Petersilie, gehackt
½ TL Salz
½ TL Pfeffer, frisch gemahlen
200–300 ml Wasser
Paprika

Das Öl in einer Bratpfanne erhitzen und die Speckwürfelchen darin glasig braten. Das Fleisch portionenweise anbraten, dabei mit Mehl bestäuben und kurz weiterbraten. Das ganze Fleisch wieder in die Pfanne geben, die Zwiebeln oder Schalotten beifügen. Mit Rotwein ablöschen und diesen fast vollständig einkochen lassen. Die Kräuter beifügen, mit Salz und Pfeffer würzen. Das Wasser dazugiessen und alles zugedeckt 40 Minuten leise köcheln lassen. Mit Pfeffer, Paprika und eventuell nochmals Salz abschmecken.

Tipp:
Eignet sich sehr gut zum Tiefkühlen.

Kalbshaxe Ossobuco

4 Kalbshaxen
2 EL Mehl
2 EL Öl
2 Karotten, sehr klein gewürfelt
1 kleiner Sellerie, sehr klein gewürfelt
½ Stange Lauch, klein geschnitten
1 Zwiebel, fein gehackt
150 ml Weisswein
50 ml Wasser
je 1 Zweiglein Majoran, Thymian und Rosmarin
Salz, Pfeffer aus der Mühle

1 EL Petersilie, fein gehackt
½ Zitrone (unbehandelt, aus dem Reformhaus), abgeriebene Schale

Die Haut der Kalbshaxen am Rand mit einem scharfen Messer mehrmals einschneiden. Die Haxen mit Salz und Pfeffer würzen und in Mehl wenden, überschüssiges Mehl gut abklopfen.
Die Haxen im heissen Öl rundherum anbraten, dann das klein geschnittene Gemüse beigeben, kurz mitbraten und mit dem Weisswein ablöschen. Diesen etwas einkochen lassen, dann mit dem Wasser aufgiessen. Die Kräuterzweige beigeben und die Haxen zugedeckt 1–1½ Stunden weich kochen. Das Fleisch muss sich leicht vom Knochen lösen lassen.
Den Backofen auf 80 Grad vorwärmen, eine Platte mitwärmen.
Die Haxen aus der Pfanne nehmen und auf der Platte im Ofen warm stellen.
Die Sauce (nach Belieben mit dem Gemüse) durch ein Sieb streichen oder mit dem Stabmixer aufmixen, nochmals aufkochen und über die Haxen giessen.
Mit der gehackten Petersilie und der abgeriebenen Zitronenschale bestreuen.

Fischgerichte

- Bevorzugen Sie Fische aus Wildfang; in Fischzuchten werden verschiedene Medikamente (Antibiotika, Antipilzmittel usw.) eingesetzt.
- Lachs stammt meistens aus Zucht.
- Felchen können nicht gezüchtet werden, sind daher meist zu empfehlen.
- Vorsicht bei Crevetten und Scampi.

Italienischer Fischgratin

600 g Fischfilets, z.B. Kabeljau, Dorsch oder Flunder
Petersilie, gehackt
½ TL Dill, zerzupft
2 kleine Zucchini, ungeschält fein geschnitten
5 schwarze Oliven, entsteint, klein geschnitten
1 kleine Zwiebel, gehackt
1–2 Knoblauchzehen, gepresst
4 EL grobes Paniermehl
Olivenöl
Salz, Pfeffer aus der Mühle

Die Fischfilets waschen, trockentupfen, mit Salz und Pfeffer würzen und in eine gebutterte Gratinform schichten. Mit Petersilie und Dill bestreuen. Zucchini und Oliven über die Fische verteilen. Zwiebel und Knoblauch mit dem Paniermehl mischen und über den Gratin streuen, mit reichlich Olivenöl beträufeln.
Im auf 200 Grad vorgeheizten Backofen auf der untersten Rille etwa 30 Minuten backen.

Tipp:
Dieser Gratin kann sehr gut vorbereitet werden.

Felchenfilets im Ofen gebacken

600 g Felchenfilets
2 EL gemischte Kräuter, z.B. Salbei, Majoran, Estragon, Dill, Basilikum, gehackt
1 grosse Zwiebel, sehr fein gehackt
1 EL Olivenöl
3 EL Petersilie, fein gehackt
10 g Butter, in Flocken
150 ml trockener Weisswein
Salz, Pfeffer aus der Mühle

Die Fischfilets in eine flache Form legen. Mit Salz und Pfeffer bestreuen. Die Fischfilets mit 1 EL der Kräutermischung einstreichen und 1–2 Stunden ziehen lassen.
Den Backofen auf 200 Grad vorheizen. Eine flache Auflaufform gut ausbuttern, die Fischfilets quer zusammenfalten und in die gebutterte Form legen. Die Zwiebel in einem kleinen Pfännchen im Olivenöl langsam weich dünsten. Die restlichen Kräuter und die Petersilie beigeben und ebenfalls kurz mitdünsten. Diese Mischung über die Fischfilets verteilen, mit Butterflocken bestreuen und im vorgeheizten Backofen offen 5 Minuten anziehen lassen. Mit dem Wein umgiessen und die Fischfilets nochmals für 15 Minuten in den Ofen schieben.

Felchenfilets mit Zucchinisauce

500–600 g Felchenfilets
4 EL Mehl
2 EL Sesamsamen
2 EL Olivenöl

Zucchinisauce:
600 g Zucchini, in Scheiben geschnitten
1/2 l Gemüsebouillon
1/4 Zitrone, abgeriebene Schale
1/4 TL Salz
1 kleine Knoblauchzehe, gepresst
Salz, Pfeffer aus der Mühle

Die Felchenfilets waschen und mit Haushaltpapier trockentupfen. Mit Salz und Pfeffer würzen.
Das Mehl mit dem Sesam mischen. Die vorbereiteten Felchenfilets darin wenden, gut abklopfen und mit der Hautseite nach oben im erwärmten Olivenöl braten.
Für die Zucchinisauce die Zucchinischeiben in der Gemüsebouillon weich kochen. Mit etwa 3 EL Kochflüssigkeit im Mixer pürieren (restliche Kochflüssigkeit beiseite stellen). Das Püree aufkochen, mit der abgeriebenen Zitrone, dem Knoblauch und Salz würzen. Sollte das Püree zu dick sein, mit etwas Kochflüssigkeit verdünnen.

Tipps:
Andere Fischsorten, wie z.B. Eglifilets, Rotzunge, Flunder, Seeteufel, Forellenfilets verwenden.
Die Sauce kann auf dieselbe Weise auch mit anderem Gemüse zubereitet werden. Ganz fein zu Fisch schmeckt ein Püree aus Kürbis.
Zu kräftigem Fisch wie z.B. Seeteufel eignet sich auch gut eine Sauce aus Peperoni (Paprika).

Rotzungenfilet Cristofero Colombo

8–10 Rotzungenfilets
Mehl zum Wenden
Olivenöl
1 Stange Lauch, fein geschnitten
10 grosse Datteln, geviertelt, entsteint
1 Banane, in Scheiben geschnitten
200–300 ml Bouillon (Reformhaus)
2 TL gehackte Petersilie
60 g Mandelblättchen, geröstet
Salz, Pfeffer aus der Mühle

Die Rotzungenfilets mit Salz und Pfeffer würzen und in Mehl wenden. In wenig heissem Olivenöl auf jeder Seite etwa 2 Minuten braten, auf einer vorgewärmten Platte anrichten und warm stellen. Nochmals wenig Olivenöl erwärmen, den Lauch, die Datteln und die Bananenscheiben darin andämpfen. Mit der Bouillon ablöschen und diese gut einkochen lassen. Mit Salz, Pfeffer würzen und die gehackte Petersilie darunter mischen. Die Sauce über die Fische giessen und mit den gerösteten Mandelblättchen bestreuen.

Forellen oder Felchen in Alufolie

4 frische ganze Forellen (Bioqualität) oder Felchen, ausgenommen
1 EL Butter
1 EL Olivenöl
1 EL frischer Estragon, fein gehackt
1 EL Petersilie, fein gehackt
Butter oder Olivenöl zum Bestreichen
8 EL Weisswein
Salz, Pfeffer aus der Mühle

Die Fische gut waschen und trocknen. Innen und aussen mit Salz und Pfeffer würzen. Die Kräuter zusammen mit wenig Butter in die Bauchhöhle der Fische verteilen.
Pro Fisch ein entsprechend grosses Stück Alufolie zurechtschneiden, mit etwas Olivenöl bestreichen, die Fische darauf legen und die Päckchen bis auf eine Schmalseite gut verschliessen. Jeweils zwei Esslöffel Weisswein durch die Öffnung zum Fisch geben und diese ebenfalls gut verschliessen.
Die Fische in der Folie in eine Gratinform legen und in der Mitte des auf 240 Grad vorgeheizten Ofens 15 Minuten garen.

Teigwaren, Reis, Getreide

- Unbedingt Weizen meiden! Durch Überzüchtung wurde das Gluten verändert und ist deshalb für viele Menschen unverträglich geworden.
- Kaufen Sie Dinkelprodukte, und zwar nur Dinkel aus Bioanbau! Konventioneller Dinkel stammt oft aus Kreuzungen mit Weizen.
- Bei Dinkelteigwaren darauf achten, dass sie nicht mit Soja gemischt sind. Dinkelteigwaren erhalten Sie auch beim Grossverteiler.
- Es müssen nicht Vollkornteigwaren sein, es gibt auch solche aus hellem Mehl.
- Machen Sie Teigwaren selber – Kinder helfen gerne dabei!
- Bei Vollreis ist darauf zu achten, dass er aus Bioanbau stammt. Vollreis aus konventionellem Anbau enthält in den Randschichten oft noch Rückstände von Spritzmitteln.
- Es gibt auch Griess aus Dinkel.
- Hafer ist ungeeignet.
- Es lohnt sich, die Getreidesorten auszutesten.

Spaghetti mit exotischem Kürbis

750 g Speisekürbis, geschält, entkernt, in Stengel geschnitten
1 EL Olivenöl
1/2 TL Zimt
2 Msp. Kardamom
je 1 Msp. Nelkenpulver und Sambal Oelek
100 ml Wasser
400 g Dinkelspaghetti
etwas Olivenöl
2 Bananen
50 g Kürbiskerne, trocken geröstet
Salz, Pfeffer aus der Mühle

Das Öl erwärmen und den Kürbis zusammen mit Zimt, Kardamom, Nelkenpulver und Sambal Oelek darin dünsten. Mit dem Wasser ablöschen und bei kleiner Hitze zugedeckt knapp weich dämpfen. Mit Salz und Pfeffer würzen.
Die Dinkelspaghetti bissfest kochen und abgiessen. In einer Bratpfanne nochmals wenig Olivenöl erhitzen und die längs halbierten Bananen darin heiss werden lassen. Die abgetropften Teigwaren mit dem Kürbis und den Kürbiskernen mischen und mit den Bananen garnieren.

Lasagne al forno

250 g Lasagneteigblätter
aus Dinkel (ohne Ei)

Fleischfüllung:
500 g Rindfleisch, gehackt
2 EL Öl
1 Zwiebel, fein gehackt
1 Knoblauchzehe, gepresst
2 TL italienische Kräutermischung
(Majoran, Thymian, Oregano,
Rosmarin)
1 EL Petersilie, fein geschnitten
1–2 Karotten, ganz klein gewürfelt
¼ l Rotwein
300 ml Wasser
Salz, Pfeffer aus der Mühle,
Muskatnuss

Béchamelsauce:
1½ EL Öl
2½ EL Dinkelmehl
½ l Rahm-Wasser-Mischung
(1 Teil Rahm, 3 Teile Wasser)
Salz, Pfeffer aus der Mühle,
Muskatnuss

Butterflocken

Die Lasagneteigblätter in reichlich Wasser kurz kochen, sofort in eine Schüssel mit kaltem Wasser geben und bis zur weiteren Verwendung dort lassen.
Für die Fleischfüllung das Öl erhitzen und das Fleisch portionenweise darin anbraten. Zwiebel, Knoblauch, Kräuter und die Karottenwürfelchen beifügen und kurz mitbraten. Mit dem Rotwein ablöschen und diesen etwas einkochen lassen. Das Wasser hinzufügen und alles 20–30 Minuten kochen lassen. Mit Salz, Pfeffer und Muskatnuss abschmecken.
Für die Béchamelsauce das Öl erwärmen, das Mehl dazugeben und auf kleinem Feuer unter Rühren dünsten. Die Rahm-Wasser-Mischung dazugiessen und aufkochen. Mit Salz, Pfeffer und Muskatnuss würzen und 5 Minuten leise köcheln lassen.
Eine Gratinform gut ausbuttern, dann abwechslungsweise jeweils eine Lage Teigblätter, Fleischfüllung und Béchamelsauce einfüllen. So fortfahren, bis alle Zutaten aufgebraucht sind. Mit Béchamelsauce abschliessen. Einige Butterflöckchen darüber verteilen. Die Lasagne in der Mitte des Ofens bei 220 Grad etwa 30 Minuten gratinieren.

Tipp:
Als weitere Lage kann man fein geschnittenes und gedünstetes Gemüse verwenden, z.B. gedünstete Zucchini.

Knöpfli mit Steinpilzen und Wirsingsauce

Knöpfli:
500 g Dinkelhalbweissmehl
(halb helles, halb Graumehl)
1 Prise Muskatnuss
Salz
200 ml Gemüsebouillon,
selbst gemacht
oder aus dem Reformhaus
200 ml Wasser

Wirsingsauce:
1 kleine Zwiebel, gehackt
1 EL Olivenöl
500 g Wirz (Wirsing), Blätter fein geschnitten
50 ml Gemüsebouillon, selbst gemacht oder aus dem Reformhaus
Salz, Pfeffer aus der Mühle

400 g frische Steinpilze, geputzt, fein geschnitten
1 EL Olivenöl
Salz, Pfeffer aus der Mühle

Das Mehl mit Salz und Muskatnuss mischen. Mit der Gemüsebouillon und dem Wasser vermengen und mit einem Holzlöffel so lange schlagen, bis der Teig kleine Blasen wirft. Den Teig zugedeckt 20 Minuten ruhen lassen.
Reichlich Salzwasser aufkochen. Den Teig portionenweise mit Hilfe des Knöpflisiebs direkt ins kochende Wasser drücken. Sobald die Knöpfli an die Oberfläche steigen, mit einer Schaumkelle herausheben, in kaltem Wasser abschrecken und gut abtropfen lassen.

Für die Sauce die Zwiebel im erwärmten Olivenöl andämpfen, den geschnittenen Wirz beigeben, kurz andämpfen, mit der Bouillon ablöschen und etwa 15 Minuten garen. Alles im Mixer pürieren, würzen und falls nötig noch mit etwas Wasser verdünnen.

Die Steinpilze in etwas Olivenöl kurz braten, mit Salz und Pfeffer würzen.
Die Knöpfli ebenfalls in etwas Olivenöl braten, mit den Steinpilzen mischen. Zusammen mit der Wirsingsauce servieren.

Dinkelspaghetti mit Sesampesto

400 g Dinkelspaghetti

30 g weisse Sesamsamen
1/2 l kaltgepresstes Olivenöl
2 Bund Basilikum
oder 4 TL Basilikumpaste
(Reformhaus, Bioladen)
1 Bund glattblättrige Petersilie
1 grosse Knoblauchzehe
ca. 4 EL Kürbiskerne,
fein gerieben
50 ml Spaghettikochwasser
Salz, Pfeffer aus der Mühle

Die Dinkelspaghetti in Salzwasser bissfest kochen.
Die Sesamsamen in einer beschichteten Bratpfanne ohne Fett goldbraun rösten.
Basilikum oder Basilikumpaste, Petersilie, Knoblauch und die fein geriebenen Kürbiskerne zusammen mit dem Spaghettikochwasser zu einer Paste mixen.
Mit Salz und Pfeffer abschmecken und die gerösteten Sesamsamen dazugeben. Falls nötig, noch etwas Kochwasser untermengen.
Die Spaghetti abgiessen und sofort mit dem Pesto vermischen.

Kastanien-Kürbis-Curry mit Nudeln

1 EL Olivenöl
1 Zwiebel, fein gehackt
1 Knoblauchzehe, fein gehackt
700 g Kürbis, geschält, entkernt,
klein geschnitten
300 g geschälte Kastanien,
tiefgekühlt oder frisch
4 EL Sultaninen
1 1/2 TL Currypulver
1 TL getrocknete Kräutermischung
etwas gemahlene Muskatnuss
50 ml Weisswein
ca. 200 ml Wasser
300 g Dinkelnudeln
Salz, Pfeffer aus der Mühle

Das Olivenöl erwärmen. Zwiebel und Knoblauch darin andünsten, dann den Kürbis, die Kastanien und die Sultaninen mitdünsten. Die Gewürze und Kräuter darüber streuen. Mit Weisswein und Wasser ablöschen und alles bei kleiner Hitze garen, bis die Gemüse weich sind.
Die Nudeln in Salzwasser bissfest kochen, abgiessen und mit dem Kastanien-Kürbis-Curry vermengen.

Currynudeln mit Gemüse

Gemüse:
1 kleine Aubergine, in Scheiben geschnitten
2 kleine Zucchini, in Scheiben geschnitten
200 g Kürbis, in Scheiben geschnitten
1 kleiner Patisson (Bischofsmütze), in Scheiben geschnitten
1 EL Olivenöl
Salz, Pfeffer aus der Mühle
Basilikum und/oder andere frische Kräuter, fein geschnitten

400 g Dinkelnudeln
1 kleine Chilischote (nach Belieben), klein geschnitten
1 Knoblauchzehe, fein geschnitten
1 EL Olivenöl
1–2 TL mildes Currypulver
ca. 200–300 ml Nudelkochwasser

Eine sehr grosse Gratinform gut ausbuttern. Das Gemüse reihenweise einschichten. Mit Salz und Pfeffer bestreuen und etwas Olivenöl darüber träufeln.
Die Form mit Alufolie zudecken. Das Gemüse im auf 250 Grad vorgeheizten Ofen etwa 40 Minuten weich garen. Vor dem Servieren mit den Kräutern bestreuen.
Inzwischen die Nudeln in Salzwasser bissfest kochen, abschütten (300 ml Kochwasser zurückbehalten) und mit kaltem Wasser abschrecken.
Chili und Knoblauch im Olivenöl andämpfen. Die gekochten Nudeln dazugeben, mit dem Currypulver bestreuen. Das beiseite gestellte Kochwasser dazugeben, alles gut mischen und bei kleiner Hitze aufwärmen. Zusammen mit dem Gemüse servieren.

Tipp:
Je nach Jahreszeit können Sie auch andere Gemüse verwenden. Bei Wurzelgemüse ist es vorteilhaft, diese etwas vorzukochen (blanchieren).

Karotten-Federkohl-Pilaw

50 g Korinthen
500 g Karotten, geschält, klein gewürfelt
250 g Federkohl (Grünkohl), grob gehackt
2 EL Olivenöl
1 TL milder Curry
ca. 600 ml Gemüsebouillon, selbst gemacht oder aus dem Reformhaus
250 g Langkornreis (Parboiled)
75 g Mandelstifte
Salz, Pfeffer aus der Mühle

Die Korinthen mit heissem Wasser bedeckt etwa 10 Minuten einweichen.
Das Olivenöl erhitzen. Karotten und Federkohl darin unter Wenden 5 Minuten andünsten. Den Curry darüber streuen und kurz mitdünsten. Mit etwa ¼ l Bouillon ablöschen. Die gut abgetropften Korinthen beifügen und das Gemüse bei kleiner Hitze 5–10 Minuten dünsten.
Nun den Reis dazustreuen und die restliche Bouillon beifügen. Den Pilaw zugedeckt bei kleiner Hitze weitere 15–20 Minuten garen, bis der Reis bissfest ist.
Inzwischen die Mandelstifte in einer trockenen Pfanne ohne Fettzugabe leicht rösten. Am Schluss unter den Pilaw mischen und diesen mit Salz, Pfeffer sowie eventuell noch etwas Curry abschmecken.

Gemüsestrudel

Strudelteig:
300 g helles Dinkelmehl
3/4 TL Salz
ca. 150 ml Wasser, lauwarm
4 EL Olivenöl

Füllung:
400 g Spargel, geschält
500 g Broccoli, in Röschen zerteilt
oder andere Gemüse je nach Saison
1 Bund Schnittlauch, geschnitten
evtl. 20 g geriebener Käse (Hartkäse)
1/2 TL Salz
Pfeffer aus der Mühle,
Muskatnuss

etwas Olivenöl zum Bestreichen

Für den Teig Mehl und Salz in einer Schüssel mischen. Das Wasser mit dem Öl verquirlen und hinzufügen. Mit wenig Mehl kneten, bis der Teig nicht mehr an den Händen haften bleibt und geschmeidig ist. Unter einer umgedrehten vorgewärmten Schüssel 30 Minuten ruhen lassen.
Für die Füllung die Spargelstangen etwa 15 Minuten in Salzwasser kochen, die Broccoliröschen ebenfalls weich kochen. Das Gemüse in 2–3 cm grosse Stücke schneiden, mit dem Schnittlauch, eventuell dem geriebenen Käse, Salz, Pfeffer und Muskatnuss vermischen.
Den Teig möglichst dünn zu einem grossen Rechteck ausrollen. Mit bemehlten Händen von der Mitte aus sorgfältig gleichmässig dünn ausziehen, bis er überall durchscheinend ist. Den Teig mit Öl bestreichen.

Die vorbereitete Füllung auf die untere Hälfte des Teigs verteilen, so dass auf den Seiten ein 4–5 cm breiter Rand bleibt. Die Breitkanten einschlagen und den Strudel von der Längsseite her aufrollen. Mit der Naht nach unten auf ein mit Backpapier belegtes Blech legen. Den Strudel mit Öl bestreichen.
In der Mitte des auf 200 Grad vorgeheizten Ofens 30–40 Minuten backen. Während des Backens mehrmals mit etwas Öl bestreichen.

Hirsotto

250 g Hirse
1 EL Olivenöl
1 kleine Zwiebel, gehackt
800–900 ml Gemüsebouillon
oder Wasser
Salz, Pfeffer aus der Mühle

Das Öl erwärmen. Die Hirsekörner darin etwas anrösten. Die Zwiebel hinzufügen und kurz mitrösten. Mit der Bouillon oder dem Wasser auffüllen.
(Falls Wasser verwendet wird, mit Salz, Pfeffer und etwas Muskatnuss würzen.) Die Hirse auf kleiner Flamme ausquellen lassen.

Hirseköpfchen mit Gemüse

200 g Hirse
1 EL Olivenöl
1/2 Zwiebel, fein gehackt
2 Karotten, in kleinste Würfel geschnitten
1 kleiner Fenchel, fein geschnitten
1/2 l Wasser
1/4 TL Salz
wenig Paniermehl
Öl und Butter zum Ausstreichen und Belegen

Die Hirse mit heissem Wasser überbrausen und in einem Sieb gut abtropfen lassen.
Das Öl erhitzen, die Zwiebel mit dem Gemüse langsam darin andünsten. Die abgetropfte Hirse beigeben, kurz mitdünsten, dann mit dem Wasser ablöschen und salzen. Das Ganze 15 Minuten leicht köcheln lassen, anschliessend 15 Minuten auf der heissen Herdplatte nachquellen lassen, eventuell nachwürzen.
Kleine Portionenförmchen mit wenig Öl ausstreichen, den Hirsebrei einfüllen und erkalten lassen.
Die Förmchen stürzen, die Hirseköpfchen in wenig Paniermehl wenden und in eine gebutterte Auflaufform stellen. Auf jedes Hirseköpfchen nach Belieben eine kleine Butterflocke geben. Bei 220 Grad im vorgeheizten Ofen etwa 10 Minuten überbacken.

Tipps:
Passt gut als Beilage zu gehacktem Fleisch oder zu einem Gemüseteller.
Dazu eine Gemüsesauce reichen.

Risottoküchlein mit Kürbis

1 l Bouillon, selbst gemacht oder aus dem Reformhaus
1 EL Olivenöl
300 g Risottoreis (Carnaroli, Arborio)
1 Zwiebel, fein geschnitten
250 g Kürbisfleisch, geschält, entkernt, klein gewürfelt
100 g Feta (falls verträglich), in Würfel zerteilt
1 EL Schnittlauch, fein geschnitten
Salz, Pfeffer aus der Mühle

Die Bouillon aufkochen.
Das Olivenöl erwärmen, den Reis beifügen und umrühren, bis alle Körner mit einer Fettschicht überzogen sind. Die Zwiebel beifügen, kurz mitdämpfen und alles mit 1/4 der Bouillon ablöschen. Den Reis garen und dabei immer wieder Bouillon nachgiessen. Den Kürbis nach 15–20 Minuten zum Reis geben und 5 Minuten mitkochen. Falls nötig, mit Salz und Pfeffer nachwürzen, den Schnittlauch darunter mischen. Den Risotto auf einem mit kaltem Wasser abgespülten Blech ausstreichen und abkühlen lassen.
Olivenöl in einer Bratpfanne erwärmen. Mit einem Esslöffel oder Glaceportionierer vom Risotto Kugeln abstechen, in die Pfanne geben, etwas flach drücken und die Küchlein auf jeder Seite 3–4 Minuten braten. Falls verträglich, können die Küchlein mit Feta gefüllt werden. Dazu in in die Mitte jeder Reiskugel einen Fetawürfel drücken, dann zu Küchlein formen und ausbacken.

Gerstotto mit Gemüse

160 g Rollgerste
1/2 l Gemüsebouillon, selbst gemacht oder aus dem Reformhaus
1 kleine Zwiebel, gehackt
1 EL Olivenöl
200 g Karotten, klein gewürfelt
200 g Zucchini, klein gewürfelt
200 g grüne Erbsen, frisch oder tiefgekühlt
2 TL getrocknete Kräuter
Salz, Pfeffer aus der Mühle
Petersilie, gehackt

Die Gerste mit der Gemüsebouillon aufkochen und zugedeckt auf kleinem Feuer 15 Minuten köcheln lassen. Auf der ausgeschalteten Herdplatte zugedeckt 30 Minuten nachquellen lassen.
Die Zwiebel im Olivenöl anschwitzen. Karotten, Zucchini und Erbsen dazugeben und mit andünsten. Die getrockneten Kräuter und Salz darüber streuen. Falls nötig 3 EL Wasser dazugeben und das Gemüse zugedeckt 8–10 Minuten kochen, eventuell nochmals etwas Wasser hinzufügen.
Die Gerste und das Gemüse mischen, mit Pfeffer abschmecken und mit gehackter Petersilie bestreuen.

Quinoarisotto mit Gemüse

1 EL Olivenöl
1 Zwiebel, fein gehackt
1 Knoblauchzehe, fein gehackt
1 kleiner Kohlrabi, in feine Scheiben geschnitten
1 Karotte, in feine Scheiben geschnitten
1 Zucchini, in feine Scheiben geschnitten
1/4 TL Kurkuma
140 g Quinoa
1 TL Salz, Pfeffer aus der Mühle
300 ml Gemüsebouillon (Reformhaus)
evtl. 40 g Sesamsprossen

Das Olivenöl erwärmen und darin Zwiebel, Knoblauch und das vorbereitete Gemüse zusammen mit dem Kurkuma 2 Minuten anschwitzen.
Den Quinoa unter fliessendem Wasser abspülen und unter das Gemüse heben, mit Salz und Pfeffer würzen. Mit der Gemüsebouillon aufgiessen, das Ganze zum Kochen bringen und zugedeckt bei schwacher Hitze 20 Minuten garen lassen. Den Risotto mit einer Gabel lockern und, falls er zu fest ist, noch etwas heisse Gemüsebouillon dazugiessen.
Die Sesamsprossen unter fliessendem kaltem Wasser abspülen, gut abtropfen lassen und den fertigen Risotto damit bestreuen.

Hinweis:
Quinoa ist eine alte Getreidesorte der Inkas.
Es schmeckt leicht nussig, ist gut verträglich und enthält viele Mineralstoffe.

Kartoffelgerichte

- Viele Kinder lieben Pommes-Chips als Zwischenverpflegung. Hier ist unbedingt Vorsicht geboten. Pommes-Chips werden aus einer speziell dafür gezüchteten Kartoffelsorte hergestellt; die Kartoffeln werden in einem Chemiebad geschält, und damit die Chips schön knusprig bleiben, bekommen sie am Schluss einen chemischen Überzug.
- Auch Pommes frites erhalten einen solchen Überzug. Werden sie jedoch selbst gemacht, sind dem Festschmaus keine Grenzen gesetzt. Ab und zu im Restaurant konsumiert, sollten sie vertragen werden.
- Kartoffelstock oder -püree kann mit Olivenöl zubereitet werden.
- Alle Fertig- und Halbfertigprodukte sind zu meiden, sie enthalten immer Konservierungsstoffe.
- Im Reformhaus erhalten Sie Kartoffelflocken ohne Zusätze; lesen Sie die Angaben auf der Verpackung – es lohnt sich!

Kartoffel-Kürbis-Curry

1 Knoblauchzehe, fein gehackt
1 EL Olivenöl
600 g Kartoffeln, gewürfelt
600 g Kürbis, geschält, entkernt, gewürfelt
2 TL mittelscharfer Curry
1 TL Kurkuma
ca. 300 ml Gemüsebouillon (Reformhaus)
Salz
1 EL Kürbiskerne, geröstet

Den Knoblauch im Olivenöl anschwitzen, die Kartoffel- und Kürbiswürfel dazugeben, Curry und Kurkuma darüber streuen. Mit der Gemüsebouillon ablöschen, aufkochen und auf kleinem Feuer zugedeckt 10–15 Minuten köcheln lassen, bis die Kartoffeln gar sind. Eventuell nachwürzen.
Die gerösteten Kürbiskerne darüber streuen.

Ofen-Pommes-frites

1 kg Kartoffeln, geschält, in Pommes-frites-Stäbchen geschnitten
etwas Öl
Salz

Die Kartoffelstäbchen auf einem Tuch oder mit Haushaltpapier trocknen. Auf ein Blech legen, mit Öl beträufeln und in der Mitte des auf 225 Grad vorgeheizten Ofens etwa 30 Minuten goldgelb braten, dabei ab und zu wenden. Vor dem Servieren mit Salz bestreuen.

Kartoffeln nach Hausfrauenart

1 Zwiebel, fein gehackt
750 g Kartoffeln
100 ml Weisswein
Salz, Pfeffer aus der Mühle, Muskatnuss
ca. 200 ml Gemüsebouillon (falls nicht verträglich, Salzwasser)
3 EL geriebener Käse (falls verträglich)
etwas Paprikapulver

Den Backofen auf 200 Grad vorheizen.
Eine Gratinform gut ausbuttern und mit der gehackten Zwiebel ausstreuen.
Die Kartoffeln schälen, in feine Scheiben schneiden, jedoch nur so weit, dass sie noch zusammenhalten und in die Gratinform stellen. Den Wein dazugiessen, mit Salz, Pfeffer und etwas Muskatnuss würzen.
Auf der untersten Rille in den vorgeheizten Ofen schieben. Sobald der Wein kocht, Bouillon oder Salzwasser dazugiessen und weitere 30 Minuten garen.
Zuletzt den geriebenen Käse darüber streuen und nochmals 10 Minuten backen. Vor dem Servieren ganz leicht mit Paprikapulver bestreuen.

Rosmarinkartoffeln

1 kg Kartoffeln, geschält, in feine Scheiben geschnitten
2 EL Olivenöl
2 EL frischer Rosmarin, gehackt
Salz, Pfeffer aus der Mühle

Die Kartoffelscheiben auf Haushaltpapier trocknen.
Das Öl erwärmen, die Kartoffeln beigeben, mit Salz und Pfeffer würzen, wenden, zudecken.
Nach 20 Minuten den Deckel entfernen. Den Rosmarin unter die Kartoffeln mischen, diese zu einem Kuchen formen (wie für Rösti) und weitere 10 Minuten fertig braten.

Tipp:
Statt Rosmarin können nach Belieben auch andere frische Kräuter verwendet werden.

Gefüllte Kartoffeln

2–3 Kartoffeln pro Person, geschält
150 g Bratspeck in Scheiben oder 1–2 Cervelats (beides aus Spezialmetzgerei)
Salz, Pfeffer aus der Mühle
Olivenöl

Eine Gratinform gut fetten.
Die Kartoffeln je nach Grösse zwei- bis dreimal einschneiden, aber nicht durchschneiden. Die Speckscheiben vierteln, Cervelats in Rädchen schneiden.
Die Speck- oder Cervelatscheiben in die Einschnitte stecken und die Kartoffeln in die Gratinform stellen.
Leicht mit Salz und Pfeffer bestreuen und mit wenig Olivenöl bepinseln.
Im auf 225 Grad vorgeheizten Ofen etwa 40 Minuten backen.

Gemüsegerichte

- Nur wenige Gemüse gelten als allergen. Tomaten, Lauch, Sellerie und Peperoni (Paprika) auf Verträglichkeit testen.
- Wichtig ist, dass die Gemüse aus Bioanbau stammen; diese enthalten mehr Mineralstoffe und sekundäre Pflanzenstoffe als Sorten aus konventionellem Anbau.
- Lange gelagertes Gemüse verliert einen grossen Teil seiner Vitamine.
- Zerkochen Sie das Gemüse nicht, leicht knackig schmeckt es am besten.
- Ein feines Olivenöl eignet sich hervorragend für Gemüsegerichte.
- Viele Kinder haben eine Abneigung gegen Gemüse: Versuchen Sie es einmal mit Gemüsesäften, selbst gemacht oder aus dem Reformhaus und verdünnt. Wenn Gemüse in Teig eingepackt wird oder einem Getreidegericht untergemengt wird, akzeptieren es Kinder besser.
- Gemüse mit frischen Kräutern gekocht schmeckt besser als in Bouillon gegart.

Gratinierter Fenchel

4–6 Fenchelknollen, halbiert
1 EL Butter
100 g Speck in Scheiben
(aus Spezialmetzgerei)
2 EL geriebener Käse

Die halbierten Fenchelknollen über Dampf oder im Dampfkochtopf garen.
Eine Gratinform gut ausbuttern und die gekochten Fenchelknollen hineinlegen. Die Speckscheiben aufrollen und in die Zwischenräume verteilen.
Mit etwas Kochflüssigkeit begiessen, den Käse darüber streuen und im auf 220 Grad vorgeheizten Ofen etwa 10 Minuten überbacken.

Gebratene Patissonscheiben auf Gemüse

900 g Patissons (Bischofsmützen)
Salz
Paniermehl
Olivenöl

Gemüse:
1 Fenchel
2 grosse Karotten
1 Kohlrabi
1–2 Zucchini
2 EL Olivenöl
Salz, Pfeffer aus der Mühle, Muskatnuss

Die Patissons schälen, halbieren, entkernen, in gleichmässig dicke Scheiben schneiden und diese mit Salz bestreuen. 10 Minuten ruhen lassen, damit sie etwas Wasser ziehen. (Durch die ausgetretene Flüssigkeit haftet das Paniermehl anschliessend gut, so dass man auf Mehl verzichten kann.)
Das Gemüse putzen und beliebig klein schneiden. Das Olivenöl erwärmen. Das Gemüse nach benötigter Garzeit in die Pfanne geben: zuerst Fenchel, Karotten, Kohlrabi, zuletzt die Zucchini. Mit Salz, Pfeffer und etwas Muskatnuss würzen und etwa 15 Minuten garen.
Die Patissonscheiben in Paniermehl wenden und dieses gut andrücken. In Olivenöl langsam goldbraun braten. Vorsichtig wenden, damit die Kruste nicht verletzt wird.

Gefüllte Auberginen

4 mittelgrosse Auberginen
1 Knoblauchzehe, gepresst
½ Stange Lauch (falls verträglich), längs halbiert, in feine Streifen geschnitten
800 g Kürbisfleisch, gewürfelt
1 kleine Zucchini, gewürfelt
Olivenöl
2 EL Kürbiskerne, leicht geröstet
2 TL getrocknete oder 2 EL frische gemischte Kräuter, gehackt
1 EL Parmesan, gerieben
evtl. 1 EL Weisswein
Salz, Pfeffer aus der Mühle, Muskatnuss

Die Auberginen in Salzwasser 10 Minuten kochen. Etwas abkühlen lassen, dann längs halbieren und aushöhlen. Das Fruchtfleisch würfeln.
Knoblauch, Lauch, Kürbis und Zucchini in Öl andünsten. Mit Salz, Pfeffer und wenig Muskatnuss würzen. Etwas Wasser dazugiessen und alles 5 Minuten garen lassen, dann das ausgelöste Auberginenfleisch, die Kürbiskerne und die Kräuter hinzufügen und alles gut mischen.
Die Gemüsemasse in die ausgehöhlten Auberginenhälften füllen und mit dem geriebenen Parmesan bestreuen. Die gefüllten Auberginen in eine gefettete Gratinform stellen. Wenig Wasser oder 1 EL Weisswein hinzugiessen und im auf 225 Grad vorgeheizten Ofen 15–20 Minuten überbacken.

Tipp:
Statt Parmesan können Sie fein geschnittene Petersilie, mit Knoblauch gemischt, über die Gemüsefüllung streuen.

Gemüseschnecken

Hefeteig:
300 g Dinkelruchmehl (-graumehl)
3/4 TL Salz
1/2 Würfel Hefe
6 EL Olivenöl
150 ml Reismilch

Gemüsepüree:
etwas Olivenöl
1 kleine Zwiebel, fein gehackt
1 Knoblauchzehe, fein gehackt
1 Stange Sellerie, klein geschnitten
200 g Karotten, klein geschnitten
1/2 kleine Stange Lauch, klein geschnitten
1 kleine Zucchini, klein geschnitten
Salz, Pfeffer aus der Mühle, Muskatnuss

Für den Teig das Mehl mit dem Salz mischen. Die Hefe zerbröckeln, zusammen mit Öl und Reismilch zum Mehl geben und alles zu einem weichen Teig kneten. Den Teig mit Wasser bestreichen, mit Klarsichtfolie bedecken und auf das Doppelte aufgehen lassen (ca. 1 Std.).

Olivenöl erwärmen, Zwiebel und Knoblauch darin andämpfen. Das Gemüse dazugeben und mit wenig Wasser weich garen. Alles im Mixer pürieren, mit Salz, Pfeffer und Muskatnuss würzen. (Die Füllung darf nicht zu nass sein. Je nach Gemüse muss etwas Flüssigkeit weggeschüttet oder aber hinzugefügt werden.)

Den Teig zu einem Rechteck ausrollen. Mit der Füllung bestreichen und von der Längsseite her aufrollen. Die Teigrolle etwa 15 Minuten in den Tiefkühler legen, damit sie sich besser schneiden lässt. Mit einem scharfen Messer in 3–4 cm breite Stücke schneiden. In gleichmässigen Abständen auf ein mit Backpapier belegtes Blech legen und nochmals kurz aufgehen lassen.
Im auf 200 Grad vorgeheizten Ofen 25 Minuten backen.

Tipp:
Schneller geht dieses Gericht, wenn Sie als Füllung eine fertige Gemüsepaste verwenden (erhältlich im Reformhaus oder Naturkostladen, eventuell auch in italienischen Spezialitätengeschäften).

Kefen mit gerösteten Brotwürfeln

1 Zwiebel, gehackt
1/2 EL Olivenöl
800 g frische Kefen (Zuckerschoten), gefädelt
1 Zweig Bohnenkraut, abgezupft
2 Scheiben Dinkelbrot, klein gewürfelt
1 EL Olivenöl
2 Knoblauchzehen
Salz, Pfeffer aus der Mühle

Die Zwiebel im Öl anziehen. Die Kefen zusammen mit dem Bohnenkraut dazugeben und unter öfterem Wenden andünsten. Mit Salz und Pfeffer würzen, falls nötig etwas warmes Wasser hinzufügen und 15 Minuten dünsten.
Die Brotwürfelchen im Olivenöl goldgelb rösten, mit dem durchgepressten Knoblauch beträufeln und vor dem Servieren unter die Kefen mischen.

Gemüsekrapfen

Krapfenteig:
500 g Dinkelruchmehl (-graumehl)
2 TL Salz
1/4 l Wasser
200 ml Olivenöl

Füllung:
Saisongemüse, z.B. 1 kleine Stange Lauch,
1 Chinakohl, 2–3 kleine Karotten,
150 g zarte Kefen (Zuckerschoten),
klein geschnitten
1 EL Olivenöl
Koriander und etwas Kräuter,
geschnitten
1 EL Wasser
Salz

Für den Teig das Mehl mit dem Salz mischen. Das Wasser aufkochen, mit dem Öl verrühren (Stabmixer) und zum Mehl geben. Alles kurz zu einem Teig zusammenfügen. Nicht kneten!

Das Gemüse für die Füllung im Öl kurz andünsten, mit Salz und den Kräutern würzen und etwas Wasser zugeben. Die Hitze auf die niedrigste Stufe stellen und das Gemüse zugedeckt etwa 10 Minuten dämpfen. Auskühlen lassen.

Den Teig dünn ausrollen und Rondellen von 8–10 cm Durchmesser (pro Krapfen zwei Stück) ausstechen. Jeweils 1–2 EL Gemüsefüllung auf eine Teigrondelle geben. Den Rand mit einem Pinsel befeuchten, mit einer zweiten Teigrondelle bedecken und mit einer Gabel die Ränder gut andrücken. Auf ein Blech legen und im auf 200 Grad vorgeheizten Ofen etwa 20 Minuten backen.

Tipps:
Falls verträglich, können Sie 100 g Feta in kleine Würfel schneiden und unter das Gemüse mischen. Zusammen mit einem Salat servieren.

Zucchini mit Basilikum

800 g Zucchini
1 EL Olivenöl
2 Knoblauchzehen
3–4 EL Basilikum
oder 4 EL gemischte frische Kräuter,
gehackt
Salz, Pfeffer aus der Mühle

Die Zucchini ungeschält in etwa 5 cm lange, fingerdicke Stengel schneiden. Das Öl erhitzen, die Zucchini darin unter ständigem Wenden anbraten.
Die Hitze reduzieren, den Knoblauch dazupressen und das Gemüse mit Salz und Pfeffer würzen. Die gemischten Kräuter hinzufügen (Basilikum erst kurz vor dem Servieren mit der Schere schneiden und zugeben).

Tipp:
Die Zucchini sollen ganz langsam garen, so ziehen sie kaum Wasser.

Wirsingwickel mit Quinoa

**12 grosse Blätter Wirz (Wirsing)
oder Federkohl (Grünkohl)**

Füllung:
100 g Quinoa
200 ml Wasser, gesalzen
100 g gemischtes Gemüse (Karotte, Lauch, Sellerie), gewürfelt
1 EL Vollmilchquark oder 1 EL Mehl
20 g Brotwürfelchen, ganz fein geschnitten
wenig Curry, Salz, Pfeffer aus der Mühle, geriebene Muskatnuss

Bei den Wirz- oder Federkohlblättern den dicken Teil der Blattrippe flach schneiden. Die so vorbereiteten Blätter im Salzwasser kochen, bis sie geschmeidig sind. Dann sofort mit kaltem Wasser abschrecken und gut abtropfen lassen. Mit einem Küchentuch oder mit Haushaltpapier trockentupfen. (Etwas Blanchierwasser zurückbehalten.)

Für die Füllung den Quinoa mit dem Salzwasser aufkochen und 15–20 Minuten leise köcheln lassen. Sobald die Körner platzen, mit den übrigen Zutaten mischen, abschmecken und weitere 15 Minuten zugedeckt nachziehen lassen.

Die blanchierten Wirz- oder Federkohlblätter ausbreiten, die Füllung gleichmässig darauf verteilen und einpacken. Die Päckchen in eine ausgebutterte Gratinform legen, leicht mit Salz, Pfeffer und Muskatnuss bestreuen und mit etwas Kochwasser vom Blanchieren der Kohlblätter übergiessen.
Im auf 200 Grad vorgeheizten Ofen 20–30 Minuten weich schmoren.

Rotkraut mit Rotwein

1 kg Rotkohl
1 grosse Zwiebel, gehackt
1 EL Olivenöl
200 ml Rotwein
200–300 ml Wasser
½ TL Dillkraut
½ TL Kümmel
2 EL Essig
Salz, Pfeffer aus der Mühle

Den Kohlkopf halbieren, den Strunk entfernen und das Gemüse fein schneiden.
Die Zwiebel im erwärmten Öl andämpfen. Das Kraut nach und nach beigeben und häufig wenden.
Etwa 10 Minuten dämpfen, bis es zusammengefallen ist. Mit dem Rotwein ablöschen, Wasser dazugiessen, bis das Kraut knapp bedeckt ist. Mit Salz, Pfeffer, Dill und Kümmel würzen und etwa 1½ Stunden weich dämpfen. Nach Ablauf dieser Zeit sollte die Flüssigkeit fast vollständig eingekocht sein.
10 Minuten vor dem Anrichten den Essig beigeben.

Tipp:
Nach Belieben kann ein fein geriebener Apfel mitgekocht werden.

Linsengemüse

250 g grüne oder braune Linsen
3/4 l Wasser
1 Lorbeerblatt
ca. 1 TL Currypulver nach Geschmack
1/2 TL Kümmel
1 EL Olivenöl
2 Knoblauchzehen, in feine Scheiben geschnitten
1/2 TL Salz
etwas Gemüsebouillon
frische Kräuter

Die Linsen waschen und verlesen. Braune Linsen wenn möglich einige Stunden einweichen, das Einweichwasser abschütten und frisches Wasser nachfüllen, bis die Linsen damit bedeckt sind.
Das Lorbeerblatt hinzufügen, aufkochen und 30 Minuten köcheln lassen.
Inzwischen in einem Topf Curry und Kümmel kurz rösten. Das Öl dazugeben, den Knoblauch darin anbraten und die gekochten Linsen darunter mischen.
Erst jetzt das Salz und die Gemüsebouillon beifügen.
Nochmals aufkochen und etwas ziehen lassen.
Mit fein gehackten frischen Kräutern und einem Tupfer Crème fraîche servieren.

Gemüse mit Kastanien und Dinkel

100 g Dinkelkörner (Bioqualität)
250 g Kastanien, tiefgekühlt
100 ml Wasser
1 EL Olivenöl
1 kleine Zwiebel, fein gehackt
200 g Karotten, geschält, fein geschnitten
1 kleine Zucchini, in Scheiben geschnitten
1–2 Fenchel, halbiert, in feine Streifen geschnitten
Salz, Pfeffer aus der Mühle, Paprika

Die Dinkelkörner eventuell bereits am Vorabend kochen: In 1/2 l kaltem Wasser aufkochen und 5 Minuten sprudelnd kochen lassen. Dann auf der ausgeschalteten Herdplatte zugedeckt gut 1 Stunde ausquellen lassen. In einem Sieb abtropfen lassen.
Die Kastanien in gefrorenem Zustand mit dem Wasser etwa 12 Minuten oder nach Anleitung auf der Packung kochen, abtropfen lassen.
Im Wok oder in einer grossen beschichteten Bratpfanne das Olivenöl erwärmen. Das vorbereitete Gemüse beigeben und 5 Minuten rührbraten. Die Dinkelkörner und die gekochten Kastanien beifügen und nochmals etwa 1 Minute rührbraten. Mit Salz, Pfeffer und Paprika abschmecken.

Provenzalisches Basilikum-püree

750 g Kartoffeln, möglichst mehlige Sorte
3 Bund frischer Basilikum
2 EL kaltgepresstes Olivenöl
2 Knoblauchzehen, zerquetscht
100 ml kaltgepresstes Olivenöl
Salz, Pfeffer aus der Mühle

Die Kartoffeln schälen und vierteln. In Salzwasser weich kochen. Abschütten, in den Topf zurückgeben und ausdampfen lassen, pürieren.
Die Basilikumblätter mit den 2 EL Olivenöl und einer Messerspitze Salz im Cutter oder mit dem Stabmixer pürieren.
Die 100 ml Olivenöl in einer Pfanne erwärmen, die Knoblauchzehen darin kurz anziehen lassen, dann entfernen. Das Kartoffelpüree und die Basilikumpaste beifügen und alles zu einem glatten Püree verrühren. Mit Salz und etwas Pfeffer abschmecken.

Tipp:
Dieses Püree passt gut zu Fleischstücken und zu ganzen gebratenen Fischen oder zu einer Gemüseplatte.

Kürbissauce

1 kleine Zwiebel, fein gehackt
1 EL Olivenöl
1 kg Kürbis, geschält, entkernt, klein gewürfelt
1 kleine Knoblauchzehe, gepresst
50 ml Wasser
Salz, Pfeffer aus der Mühle, Curry

Die Zwiebel im Olivenöl andünsten. Die Kürbiswürfel mit dem Knoblauch dazugeben, kurz mitdünsten, mit einem Teil des Wassers ablöschen (je nach Kürbissorte braucht es mehr oder weniger Flüssigkeit) und weich kochen (ca. 15 Minuten). Zusammen mit der Flüssigkeit (nicht zu viel) pürieren.
Das Püree wieder in die Pfanne giessen, mit Salz, Pfeffer und Curry abschmecken. Je nach Konsistenz noch etwas einkochen lassen oder verdünnen.

Tipp:
Auf dieselbe Art können auch aus anderen Gemüsesorten feine Saucen zubereitet werden. Zu Teigwaren oder Reis servieren.

Knoblauchsauce

¼ l kaltgepresstes Olivenöl
2 ganze Knoblauchzehen,
in feine Scheiben geschnitten
1–2 EL Petersilie, gehackt
Salz, Pfeffer aus der Mühle

Das Öl erwärmen und den Knoblauch darin goldgelb braten. Die Petersilie beigeben und mit Salz und Pfeffer würzen.

Tipp:
Schmeckt besonders fein zu Spaghetti.

Salbei- oder Basilikumsauce

50 ml Olivenöl
2 EL Salbei- oder
Basilikumblätter

Die Salbei- oder Basilikumblätter grob zerkleinern oder nach Belieben ganz lassen.
Das Olivenöl erwärmen und die Kräuter darin golden rösten.
Über gekochte Teigwaren anrichten.

Desserts und Süssspeisen

- Bei Früchten, Flocken usw. auf Bioqualität achten!
- Probieren Sie die Süssspeisen vor dem Servieren, eventuell müssen sie noch etwas nachgesüsst werden.
- Nicht alle Steviablätter sind gleich süss (siehe Kuchen und Gebäck, Seite 119).
- Verwendet man zu viel Stevia, schmeckt es nach Lakritze.
- Bereiten Sie ein «Zuckerwasser» aus Stevia zu (siehe Seite 55), dieses können Sie dann tropfenweise den fertigen Speisen hinzufügen.
- Im Naturkostladen oder Reformhaus findet man verschiedene Zutaten für Desserts und Süssspeisen.
- Auch bei Desserts und Süssspeisen gilt: «Allzu viel ist ungesund.»
- Blätterteig aus dem Reformhaus ist meistens mit Weizenmehl hergestellt. Nach längerer Zeit der Umstellung sollte dies ausnahmsweise verträglich sein.
- Auch exotische Früchte sind in Bioqualität erhältlich.

Kiwi-Feigen-Salat mit Bananencreme

4 Kiwis
4 frische grüne Feigen
100 ml Johannisbeersaft
2 Aprikosen, entsteint, in Schnitze geschnitten
1 EL Mandeln, grob gehackt
4 Datteln, entsteint, fein gehackt (Cutter)
1 Banane, zerdrückt

Die Kiwis schälen, in Scheiben schneiden und kreisförmig auf Tellern auslegen. Die Feigen vierteln und auf die Kiwis setzen.
Den Johannisbeersaft sirupartig einkochen.
Die Aprikosenschnitze und die Mandeln hinzufügen, alles einmal aufkochen lassen und über die Kiwis verteilen.
Das Dattelmus mit der zerdrückten Banane mischen und das Dessert damit garnieren.

Hirse-Mohn-Pudding

100 g Mohnsamen
150 g Hirseflocken
½ l Reismilch
3 EL Agavendicksaft
1 Vanillestange
1 Prise Salz
etwas abgeriebene Zitronenschale

Dörraprikosensauce:
¼ l Dörraprikosen, ungeschwefelt
½ l Süssmost (Apfelsaft)

Alle Zutaten bis auf die Zitronenschale in einen Topf geben und 2 Stunden quellen lassen.
Die Zitronenschale dazureiben. Alles zum Kochen bringen und 5 Minuten unter Rühren köcheln lassen. Die Vanillestange entfernen.
Die Masse in eine mit kaltem Wasser ausgespülte Puddingform oder in kalt ausgespülte Portionenförmchen füllen und erkalten lassen. Stürzen und mit einer Dörraprikosensauce servieren.

Die Aprikosen über Nacht im Apfelsaft einweichen. Am folgenden Tag pürieren, je nach gewünschter Dicke noch etwas Flüssigkeit beifügen. Eventuell mit 1–2 Tropfen Stevia süssen.

Tipp:
Für die Sauce können Sie anstelle von Dörraprikosen auch Dörräpfel verwenden. Je nach Geschmack mit einer Prise Zimt abschmecken.

Fruchtsalat mit Bananencreme

2 Pfirsiche
2 Nektarinen oder andere Früchte nach Saison

Creme:
2 kleine, reife Bananen
1 TL Zitronensaft
1 TL Vanillemark
50 ml Reismilch
2 EL Mandelpüree
4 EL Rahm (falls verträglich)
einige Tropfen Stevia

Die Pfirsiche und Nektarinen halbieren und entsteinen. Die Früchte in Schnitze oder kleine Würfel schneiden.
Für die Creme die Bananen klein schneiden, mit Zitronensaft, Vanillemark, Reismilch, Mandelpüree und eventuell Rahm im Mixer pürieren. Nach Belieben süssen, eventuell noch etwas Flüssigkeit dazugeben.
Die Pfirsiche und Nektarinen in Gläser füllen und die Bananencreme darüber verteilen.
Mit Erdbeerhälften oder mit einigen Himbeeren oder Brombeeren garnieren.

Birnen mit Mandelmilchcreme

4 Birnen
200 ml Wasser
½ Zitrone, Saft
½ Vanillestange
½ TL Kardamompulver
4–5 EL Mandelpüree
etwas Wasser zum Verdünnen (Birnenkochwasser)
1 EL Birnendicksaft oder 4 Tropfen Stevia
50 ml Rahm (falls verträglich)
2 EL Mandelblättchen

Die Birnen schälen, halbieren und das Kerngehäuse entfernen. Das Wasser mit dem Zitronensaft, der Vanillestange und dem Kardamompulver aufkochen. Vier Birnenhälften darin garen. Die Birnen herausnehmen, abkühlen lassen und fächerartig aufschneiden.
Die restlichen Birnenhälften in kleine Würfel schneiden und in einem hohen Gefäss oder im Mixer mit dem Mandelpüree und etwas Birnenkochwasser pürieren, mit Birnendicksaft oder Stevia süssen.
Falls verträglich, können Sie 50 ml (½ dl) Rahm steif schlagen und unter das Püree mischen.
Die Mandelblättchen ohne Fettzugabe in einer Pfanne leicht rösten.
Die Birnenfächer auf Tellern anrichten, die Birnencreme darüber verteilen und mit den Mandelblättchen garnieren.

Tipp:
Nach Möglichkeit etwa gleich reife Birnen verwenden, sonst die Garzeit entsprechend anpassen.

Apfeltaschen

Für 6 Stück

500 g säuerliche Äpfel
3 Tropfen Stevia
1 EL Süssmost (Apfelsaft)
2 EL Sultaninen oder Korinthen, evtl. in Rum eingelegt
2 EL gemahlene Mandeln
200 g Blätterteig (Reformhaus)

Die Äpfel schälen, vierteln und in dünne Scheiben schneiden. Mit Stevia und Süssmost in einer Pfanne kurz andünsten, dann in einem Sieb abtropfen lassen.
Die Sultaninen (falls eingelegt, gut abgetropft) mit den gemahlenen Mandeln unter die Äpfel mischen.
Den Blätterteig dünn ausrollen und Quadrate von etwa 10 cm Seitenlänge schneiden. Auf jedes Teigstück einen Esslöffel Apfelkompott geben.
Die Teigränder mit Wasser bestreichen, zusammenklappen und gut andrücken. Den Teig quer mehrere Male mit einem scharfen Messer einschneiden.
Die Apfeltaschen auf ein mit Backpapier belegtes Blech legen und in der Mitte des auf 200 Grad vorgeheizten Ofens etwa 20 Minuten backen.

Birnensalat

500 g reife Birnen
1/2 Tasse Korinthen, eingeweicht
1/2 Zitrone, abgeriebene Schale
2 EL Mandelpüree
1/2 Tasse Quittensaft (Reformhaus)
2 EL Honig oder 5 Tropfen Stevia
je 1 Msp. Nelkenpulver, Kardamom, Muskatnuss, frisch geriebener Ingwer

Die Birnen schälen, halbieren und quer in feine Scheiben schneiden. Mit den Korinthen vermengen. Die übrigen Zutaten mischen, falls nötig noch etwas nachsüssen und die Sauce vorsichtig mit den Birnen mischen oder bei sehr reifen Birnen nur darüber giessen.

Rhabarber-Bananen-Schaum

300 g Rhabarber
1/2–1 EL Steviapulver, grün, oder 2 EL Birnendicksaft
1 grosse Banane
1 Prise Salz
je 1 Msp. Zimt, Nelkenpulver und Kardamom
50 ml Rahm (falls verträglich)

Den Rhabarber eventuell schälen, in dünne Scheiben schneiden. Zusammen mit dem Steviapulver oder dem Birnendicksaft aufkochen und etwa 10 Minuten weich kochen. Mit einem Schneebesen gut verrühren und abkühlen lassen.
Die Banane mit einer Gabel zerdrücken und unter den abgekühlten Rhabarber mischen. Probieren und falls nötig noch etwas nachwürzen.
Falls verträglich können Sie noch 50 ml Rahm steif schlagen und unter den Schaum mischen. Sofort servieren oder kühl aufbewahren.

Heidelbeereis

Ca. 600 g frische Heidelbeeren
7–8 Tropfen Stevia
2 TL Mandelpüree, weiss

Die Beeren pürieren und durch ein Sieb streichen (sollte 400 ml Mark ergeben). Mit Stevia und dem Mandelpüree gut verrühren.
Die Masse in Eis-am-Stiel-Formen füllen und im Gefrierfach fest werden lassen.

Tipp:
Nach demselben Rezept können Sie auch mit anderen Früchten Eis herstellen.
Für Brombeereis die Beeren vorher aufkochen und durch ein Sieb passieren. So erhält das Eis eine schönere Farbe.
Immer probieren, ob die Masse genügend gesüsst ist. Falls verträglich, das Fruchtmus mit ca. 120 g Honig süssen. In diesem Fall das Mandelpüree weglassen.

Johannisbeergelee-Köpfchen mit Mandelsauce

1 gestrichener TL Agar-Agar
500 g rote Johannisbeeren
50 ml Wasser
3 Tropfen Stevia
1 kleiner Apfel
4 EL Mandelpüree
wenig Wasser
wenig Vanillepulver

Das Agar-Agar mit kaltem Wasser anrühren.
Die Johannisbeeren mit dem Wasser aufkochen, bis sie platzen. Durch ein Sieb oder ein Geleetuch passieren und gut ausdrücken.
Den erhaltenen Johannisbeersaft mit dem Agar-Agar aufkochen und auf kleinem Feuer 2–3 Minuten köcheln lassen. Mit Stevia süssen und nochmals probieren, ob es süss genug ist.
Den Apfel schälen, vierteln und das Kerngehäuse entfernen. Den Apfel in kleine Stücke schneiden und unter den noch heissen Johannisbeersaft mischen.
In kleine Förmchen oder Tassen füllen, auskühlen und dann im Kühlschrank fest werden lassen.
Das Mandelpüree mit wenig Wasser zu einer Sauce verrühren, mit Vanillepulver abschmecken, eventuell noch mit 1 Tropfen Stevia süssen.
Die Köpfchen stürzen und mit der Mandelsauce umgiessen.

Himbeerköpfchen

500 g Himbeeren
Süssmost (Apfelsaft) ohne Kohlensäure oder Beerensaft
2 EL Agavendicksaft oder Birnendicksaft
2 TL Agar-Agar

Die Hälfte der Himbeeren mit 100 ml Süssmost in einen kleinen Topf geben und kochen, bis sie zerfallen.
Die Masse durch ein Sieb streichen und den erhaltenen Saft in einem Messbecher auffangen.
Mit Süssmost auf 600 ml ergänzen und wieder in den Topf geben. Agaven- oder Birnendicksaft und Agar-Agar einrühren und aufkochen, 2 Minuten köcheln lassen. Die zurückbehaltenen Himbeeren dazugeben.
In Portionenförmchen oder eine Puddingform füllen und erkalten lassen. Die Köpfchen stürzen und mit frischen Früchten garnieren.

Tahinsauce

Sesampüree

4 EL Tahin, weiss (Reformhaus oder Naturkostladen)
ca. 6 EL Süssmost (Apfelsaft)
etwas Vanillemark (aus einer Vanilleschote gekratzt)

Alle Zutaten in eine Schüssel geben und mit dem Schneebesen zu einer glatten Sauce verrühren.

Tipp:
Passt gut zu allen Früchtedesserts.

Rhabarber-Streusel-Gratin

500 g Rhabarber
50 g Rosinen
1/2 EL Steviapulver, grün
1 Msp. Zimt

Streusel:
75 g Butter oder 75 ml Olivenöl
75 g Mandeln, gemahlen
75 g Dinkelruchmehl (-graumehl)
5 Tropfen Stevia
1 EL Reismilch

Eine Gratinform gut ausbuttern.
Den Rhabarber in 1/2 cm breite Stücke schneiden, mit Rosinen, Stevia und Zimt mischen und in der Form verteilen.
Für die Streusel Butter oder Olivenöl in einer Bratpfanne erwärmen, Mandeln, Mehl, Stevia und Reismilch dazugeben und alles leicht rösten, bis sich kleine Klümpchen bilden. Die Streusel über den Rhabarber verteilen.
Den Gratin auf der zweituntersten Rille im auf 200 Grad vorgeheizten Ofen 30–35 Minuten backen. Noch warm servieren.

Bratäpfel

4 grosse Äpfel
4 EL Mandeln, gemahlen
1/2 EL Steviapulver, grün
1/2 EL Crème fraîche (Sauerrahm)
1–2 EL Süssmost (Apfelsaft) oder Wasser
200 ml Süssmost

Bei den Äpfeln das Kerngehäuse ausstechen und die Schale in der Mitte ringsum einritzen.
Die Mandeln mit Stevia, Crème fraîche und Süssmost (oder Wasser) mischen. (Nach Belieben können wenig Sultaninen beigefügt werden.) Die Äpfel damit füllen. 200 ml Süssmost in eine Gratinform giessen und die gefüllten Äpfel hineinstellen. Im auf 250 Grad vorgeheizten Ofen etwa 20 Minuten braten.

Vanillesauce

1/2 l Reismilch
1 Vanilleschote
3 EL Hirsemehl (2 EL Körner)
1 EL Honig
evtl. einige Tropfen Stevia

Die Reismilch mit der Vanilleschote und dem Hirsemehl aufkochen und 10 Minuten leicht köcheln lassen.
Vom Herd nehmen. Mit dem Honig und eventuell noch etwas Stevia (oder auch nur mit Stevia) süssen und gut umrühren. Bis zum Gebrauch immer wieder umrühren, damit sich keine Haut bilden kann.

Tipp:
Passt sehr gut zu Apfelstrudel, zum Hirse-Mohn-Pudding, zum Birnensalat oder einem anderen Fruchtsalat – oder einfach so pur!

Kuchen und Gebäck

- Kuchen und Gebäck werden auch mit Dinkelmehl fein.
- Zur Abwechslung oder als Notlösung finden Sie im Reformhaus Gebäck aus gut verträglichen Zutaten, das jedoch meistens mit Honig oder Rohzucker gesüsst ist. Unbedingt die Menge reduzieren und davon nicht zu viel aufs Mal essen!
- Kuchen ohne Eier und ohne Zucker sind schwierig zu backen.
- In den folgenden Rezepten wird meistens Stevia und Zucker verwendet. Wenn Sie ein Rezept abändern und anstelle von Zucker Stevia verwenden möchten, müssen Sie die Flüssigkeitsmenge etwas erhöhen oder die Mehlmenge verringern.
- Stevia ist eine bereits von den Inkas verwendete Pflanze, deren Blätter einen Süssstoff enthalten. In Japan werden Süssgetränke und Glace mit Stevia gesüsst. Die Süsskraft der einzelnen Blätter variiert. Daher ist die Mengenangabe in den Rezepten als relativ zu betrachten. Es lohnt sich, den Teig vor dem Backen zu probieren und eventuell noch etwas nachzusüssen.
- Wenn zu viel Stevia verwendet wird, schmeckt es nach Lakritze.
- Künstliche Süssstoffe gelten allgemein als ungesund und werden in den Rezepten nicht verwendet.
- Auch Glasuren können schlecht verträglich sein.

Hefegugelhopf

30 g Frischhefe
300 ml Reismilch oder Wasser
100 g Vollrohrzucker
75 ml Sonnenblumen- oder Olivenöl, leicht lauwarm
1 Ei
100 g Rosinen
1/4 Zitrone, Saft und Schale
1/2 TL Salz
500 g Dinkelvollkornmehl oder Dinkelruchmehl (-graumehl)

Die Hefe in der Flüssigkeit auflösen. Mit allen übrigen Zutaten gut vermischen.
Den Teig zugedeckt an einem warmen Ort auf das Doppelte aufgehen lassen.
Den Teig in eine gefettete und bemehlte Gugelhopfform füllen und auf der untersten Rille im auf 180 Grad vorgeheizten Ofen etwa 45 Minuten backen.

Griechischer Zitronenkuchen

Für eine Cakeform von 24–25 cm Länge

75 g Mandeln
200 g Dinkelruchmehl (-graumehl)
100 g Gerstenmehl oder Dinkelmehl
2 gehäufte TL phosphatfreies Backpulver
1 Prise Salz
100 ml Birnendicksaft
3 Tropfen Stevia
100 ml Sonnenblumen- oder Olivenöl
130 ml Süssmost (evtl. etwas mehr)
1 unbehandelte Zitrone, abgeriebene Schale
½ Zitrone, Saft

Die ganzen Mandeln in einer Pfanne oder auf einem Blech bei 150 Grad im Ofen leicht rösten, auskühlen lassen und grob hacken.
In einer Schüssel Mehl, Backpulver, Salz und die Mandeln mischen.
Den Birnendicksaft zusammen mit Stevia, Öl, Süssmost, Zitronenschale und -saft schaumig rühren.
Zur Mehlmischung geben und sorgfältig zu einem Teig vermengen. Falls nötig, noch etwas Flüssigkeit dazugeben.
Die Cakeform fetten und den Teig sofort einfüllen.
Im auf 200 Grad vorgeheizten Ofen 30 Minuten backen.

Tipps:
Am besten schmeckt der Kuchen am zweiten Tag.
Dieser Kuchen ist ganz ohne tierisches Eiweiss.

Himbeer-Muffins

Für 12 Muffins

250 g Dinkelruchmehl (-graumehl)
3 TL phosphatfreies Backpulver
1 EL Steviapulver, grün
1 Prise Salz
1 EL geriebene Mandeln
1 Ei
1 unbehandelte Zitrone, abgeriebene Schale
50 ml Olivenöl
¼ l Reismilch
100 g Himbeeren

Alle Zutaten bis auf die Himbeeren mischen. Zuletzt die Himbeeren sorgfältig unterheben.
Den Teig in die Muffinförmchen füllen (unbeschichtete Förmchen zuvor fetten). Bei Papierförmchen 3–4 Förmchen ineinander stellen (so halten sie die Form besser). Im auf 180 Grad vorgeheizten Ofen 25 Minuten backen.

Tipp:
Je nach Saison können Sie auch andere Früchte verwenden. Sehr fein werden die Muffins mit Heidelbeeren.

Apfelwähe

Für ein Kuchenblech von 28 cm Durchmesser

400 g geriebener Kuchenteig (siehe unten)
6 Äpfel (ca. 800 g)

Guss:
300 ml Reismilch
1 Ei (Freiland)
1 EL Mandelpüree
5 Tropfen Stevia
1 Prise Salz

Das Kuchenblech gut einfetten. Den Teig rund ausrollen und ins Blech legen. Den überstehenden Rand entfernen.
Die Äpfel schälen, in Schnitze schneiden und auf den Teig legen.
Für den Guss alle Zutaten miteinander vermengen.
Den Kuchen auf der untersten Rille im auf 250 Grad vorgeheizten Ofen 10 Minuten vorbacken, dann den Guss über die Äpfel verteilen und den Kuchen noch 15–20 Minuten fertig backen.

Geriebener Teig für Kuchen (Wähen)

275 g Dinkelruchmehl (-graumehl)
3/4 TL Salz
175 ml warmes Wasser
50 ml Olivenöl

Das Mehl mit dem Salz mischen.
Das Wasser mit dem Öl mischen und mit dem Stabmixer zu einer milchigen Flüssigkeit emulgieren.
Sofort unter das Mehl mischen und alles kurz zu einem Teig zusammenfügen. Nicht kneten!
Warm nach Rezept weiterverarbeiten.

Apfelbrot

400 g Boskopäpfel
1 EL Steviapulver
125 g Sultaninen
60 g Mandeln, grob gehackt
1 Prise Zimt
1 Prise Nelkenpulver
knapp 50 ml Süssmost (Apfelsaft)
250 g Dinkelruchmehl (-graumehl)
3/4 Beutel phosphatfreies Backpulver (Reformhaus)

Die Äpfel schälen und an der Röstiraffel grob reiben. Mit dem Steviapulver mischen und kurze Zeit zugedeckt ziehen lassen.
Die Sultaninen, die gehackten Mandeln, Zimt und Nelkenpulver zusammen mit dem Süssmost darunter mischen. Das Mehl unterheben und alles gut vermengen. Falls nötig, noch etwas mehr Mehl (ca. 1 EL) zugeben, da anstelle von Zucker Steviapulver verwendet wird.
Eine Cakeform mit Backpapier auslegen und den Teig einfüllen. Auf der untersten Rille im auf 180 Grad vorgeheizten Ofen etwa 65 Minuten backen.

Bananen-Nuss-Kuchen

Für eine Springform von 24 cm Durchmesser

2–3 reife Bananen
2 EL Sonnenblumenöl
70 g Vollrohrzucker
1/4 EL Steviapulver, grün
1 EL Rahm
2 EL Wasser
2 Eier
1/2 TL phosphatfreies Backpulver
250 g Dinkelruchmehl (-graumehl)
1/4 TL Salz
100 g Mandeln, grob gehackt

Zum Belegen:
1–2 Bananen
einige Tropfen Zitronensaft

Die Bananen mit der Gabel zu einem Mus zerdrücken. Öl, Vollrohrzucker, Steviapulver, Rahm, Wasser und Eier beifügen und gut verrühren. Das Backpulver, das Mehl, das Salz und die gehackten Mandeln unter die Bananenmasse heben.
Die Springform fetten und mehlen. Die Kuchenmasse einfüllen. Die Bananen halbieren oder vierteln und als Garnitur darauf verteilen, mit Zitronensaft beträufeln.
Den Kuchen auf der untersten Rille des auf 200 Grad vorgeheizten Ofens etwa 35 Minuten backen.

Birnen- oder Apfel-Roggen-Kuchen

Für ein Kuchenblech von ca. 26 cm Durchmesser

100 g Roggen, fein gemahlen
100 g Mandeln, gemahlen
150 ml Sonnenblumenöl
50 ml Olivenöl
1 EL Birnendicksaft
1/2 EL Steviapulver, grün
50 g Sultaninen, ungeschwefelt
1 unbehandelte Zitrone, abgeriebene Schale
ca. 50 ml Süssmost (Apfelsaft)
300 g Birnen oder Äpfel, an der Röstiraffel grob gerieben
1 Prise Kardamom
1 Prise Nelkenpulver
1/2 TL Zimt
1 Prise Salz

Alle Zutaten mischen.
Das Kuchenblech gut fetten. Die Masse (sie darf nicht zu trocken sein, falls nötig, noch etwas Süssmost zugeben) hineinfüllen und glatt streichen.
Nach Belieben mit wenig Rahm bestreichen.
Den Kuchen auf der untersten Rille des auf 180 Grad vorgeheizten Ofens etwa 30 Minuten backen.

Lebkuchen

300 g Dinkelruchmehl (-graumehl)
½ EL Steviapulver, grün
1 EL Lebkuchengewürz
2 TL Hirschhornsalz oder
phosphatfreies Backpulver
75 ml Rahm-Wasser-Mischung
80 g Honig, flüssig, kalt

Das Mehl in eine Schüssel geben. Stevia, Lebkuchengewürz, Hirschhornsalz und das Rahm-Wasser mit dem Mehl vermengen. Die Schüssel auf die Waage stellen und die benötigte Menge Honig direkt dazuwiegen. Alles zu einem Teig zusammenkneten. Er soll geschmeidig, aber nicht klebrig sein.
Über Nacht zugedeckt im Kühlschrank ruhen lassen. Den Teig 30 Minuten vor dem Ausrollen aus dem Kühlschrank nehmen, nochmals durchkneten, dann auf bemehlter Fläche ½ cm dick ausrollen. Beliebige Formen ausstechen und auf ein Backpapier legen.
In der Mitte des auf 180 Grad vorgeheizten Ofens etwa 10 Minuten backen. Grössere Lebkuchen etwas länger backen.

Dreikönigskuchen

250 g Dinkelruchmehl (-graumehl)
250 g Dinkelmehl, hell
15 g Hefe
1 TL Salz
60 g Butter, flüssig
100 ml Crème fraîche (Sauerrahm),
mit 200 ml Wasser gemischt
½ EL Steviapulver, grün
nach Wunsch einige ungeschwefelte
Rosinen

Vorteig:
Von der Mehlmischung 100 g abnehmen, die Hefe dazubröckeln und mit etwas lauwarmer Sauerrahm-Wasser-Mischung alles zu einem Teig verrühren. Aufgehen lassen, bis der Teig Blasen wirft (ca. 15 Minuten).

Teig:
Das restliche Mehl, Salz, die flüssige Butter, die Sauerrahm-Wasser-Mischung und das Steviapulver mit dem Vorteig vermengen und etwa 10 Minuten zu einem glatten Teig kneten (wegen dem Stevia wird eventuell etwas weniger Mehl benötigt). Den Teig an einem warmen Platz auf das Doppelte aufgehen lassen. Vor dem Formen, falls verwendet, die Rosinen einkneten.

Zum Formen aus zwei Dritteln des Teigs Kugeln formen, in eine davon einen König aus Plastik (beim Bäcker erhältlich) oder eine weisse Bohne stecken. Das verbleibende Drittel Teig als Mittelteil in eine gefettete Springform setzen und die Kugeln darum herum verteilen, so dass sie sich leicht berühren. Nochmals 15 Minuten zugedeckt aufgehen lassen.

In der Mitte des auf 200 Grad vorgeheizten Ofens etwa 35 Minuten backen.

Spitzbuben

250 g Butter
50 g Vollrohrzucker
½ EL Steviapulver, grün
1 Prise Salz
2 TL Vanillepulver
350 g Dinkelmehl, hell

Die Butter mit dem Zucker geschmeidig rühren. Stevia, Salz, Vanillezucker und das Mehl darunter mischen, leicht zusammenkneten und 30 Minuten kühl stellen.
Den Teig 2 mm dick ausrollen und runde Plätzchen ausstechen.
In der Mitte des auf 200 Grad vorgeheizten Ofens 8–10 Minuten backen.

Tipps:
Wegen dem Stevia eventuell etwas weniger Mehl nehmen oder einige Tropfen Wasser unter den Teig kneten.
Für Sofortgebrauch können Sie die Spitzbuben mit selbst gemachtem Zwetschgenmus bestreichen und zusammenkleben.

Sauerrahmplätzchen

250 g Dinkelmehl, hell
4–5 EL Crème fraîche (Sauerrahm)
1 TL Vanillepulver
¼ TL Salz
200 g Butter, in kleine Stücke geschnitten, oder 200 ml Olivenöl

Das Mehl in eine Schüssel sieben und in die Mitte eine Vertiefung eindrücken. Alle übrigen Zutaten in die Vertiefung geben und mit Mehl bedecken.
Von der Mitte aus alles schnell zu einem glatten Teig verkneten. In Klarsichtfolie gewickelt 30 Minuten kühl stellen.
Den Teig auf einer bemehlten Arbeitsfläche ½ cm dick ausrollen. Mit einem Ausstecher Plätzchen von etwa 3 cm Durchmesser ausstechen und auf ein mit Backpapier belegtes Blech legen.
In der Mitte des auf 180 Grad vorgeheizten Ofens 15 Minuten backen.

Tipps:
Da die Plätzchen gesalzen sind, können sie auch als Aperitifgebäck gereicht werden.
Vor dem Backen leicht mit Wasser bestreichen und mit Kümmel, Mohn oder grobem Salz bestreuen.
Dieses Gebäck eignet sich nicht bei Milchfettunverträglichkeit.

Feigenschnitten

250 g getrocknete Feigen, klein geschnitten
200 ml Wasser
½ EL Steviapulver, grün
abgeriebene Zitronenschale
50 g Mandeln, gehackt
4 EL Kokosraspel
80 ml Sonnenblumen- oder Olivenöl
70 g Birnendicksaft oder Agavendicksaft
3 Tropfen Stevia
½ TL Salz
200 g Dinkelvollkornmehl oder -ruchmehl (-graumehl)
ca. 150 g feine Dinkelflocken

Die Feigen mit dem Wasser köcheln lassen, bis ein dickes Mus entsteht (5–10 Minuten). Das Steviapulver beifügen und gut umrühren. Zitronenschale, Mandeln und Kokosraspel darunter mischen und abkühlen lassen.
Das Öl und den Birnen- oder Agavendicksaft mit dem Stevia in einer Schüssel verrühren. Salz und Mehl darunter mischen. Die Dinkelflocken nach und nach dazugeben, bis ein krümeliger Teig entsteht.
Eine rechteckige Kuchenform (ca. 20 x 30 cm) fetten. Die Hälfte des Teigs von Hand in der Form verteilen und etwas glatt streichen. Die Feigenmasse darauf streichen und mit dem restlichen Teig zudecken.
Auf der zweituntersten Rille des auf 180 Grad vorgeheizten Ofens etwa 30 Minuten backen. Noch heiss in Rechtecke schneiden, aber bis zum Abkühlen in der Form lassen.

Halvahkugeln

3 EL Sultaninen
4 Feigen, klein geschnitten
100 ml Süssmost (Apfelsaft) oder leichter Kräutertee, kalt
600 ml Wasser
200 g Dinkelgriess
10 Datteln, klein geschnitten
50 g Mandeln, grob gehackt
2 EL Sesamsamen
2 EL Sonnenblumenkerne
1½ EL Honig
½ unbehandelte Zitrone, Schale
Kokosflocken

Die Sultaninen und die klein geschnittenen Feigen im Süssmost oder Kräutertee einweichen.
Das Wasser zum Kochen bringen. Den Dinkelgriess im Strahl einrühren und kurz aufkochen. Bei ausgeschalteter Herdplatte zugedeckt aufquellen, dann erkalten lassen.
Den Griessbrei mit allen Zutaten bis auf die Kokosflocken mischen.
Kokosflocken auf einen Teller geben. Aus der Griessmasse nussgrosse Kugeln formen und in den Kokosflocken wenden. Haltbarkeit: etwa 2 Tage im Kühlschrank.

Tipp:
Dieses Konfekt eignet sich sehr gut für eine Kindergeburtstagsparty.

Sesamkonfekt

Ein ungebackenes Konfekt

4 getrocknete Feigen, geviertelt
4 getrocknete Pflaumen, geviertelt
8 Datteln, entsteint
50 g Rosinen
100 ml Süssmost (Apfelsaft)
1 kleines Stück frischer Ingwer (ca. 20 g), geschält, fein gerieben
50 g geschälte, gemahlene Mandeln
50 g Kokosraspel
1 unbehandelte Zitrone, abgeriebene Schale
½ TL Lebkuchengewürz
ca. 50 g Sesamsamen

Die Früchte und Rosinen in einer kleinen Schüssel mit dem Süssmost begiessen und zugedeckt 2 Stunden marinieren.
Die marinierten Früchte im Blitzhacker (Cutter) sehr fein hacken. Mit dem geriebenen Ingwer, den Mandeln, den Kokosraspeln, der Zitronenschale und dem Lebkuchengewürz vermischen. Die Masse zu einer 2 cm dicken und etwa 50 cm langen Rolle formen und 1 Stunde in den Kühlschrank stellen.
Die Rolle in 2 cm dicke Scheiben schneiden und diese in den Sesamkörnern wenden.

Zitronen-Mandel-Stäbchen

125 g weiche Butter
60 g Zucker
2 Tropfen Stevia
1 TL Vanillezucker
1 Prise Salz
1 unbehandelte Zitrone, abgeriebene Schale
1 Ei
200 g Dinkelruchmehl (-graumehl) oder Dinkelweissmehl (Dinkelmehl, hell)
½ TL phosphatfreies Backpulver
100 g geschälte gemahlene Mandeln

Butter, Zucker, Stevia, Vanillezucker, Salz, Zitronenschale und Ei mit dem Rührgerät zu einer cremigen weissen Masse rühren.
Das Mehl mit dem Backpulver und den Mandeln mischen. Löffelweise zur Buttermasse geben und alles rasch zu einem glatten, geschmeidigen Teig zusammenfügen. Mindestens 1 Stunde kühl stellen.
Den Teig portionenweise auf einer leicht bemehlten Arbeitsfläche zu etwa 3–4 cm dicken Rechtecken auswallen. Mit einem Teigrädchen etwa 1 cm breite und 4 cm lange Stäbchen schneiden. Mit genügend Abstand auf ein mit Backpapier belegtes Blech legen.
Auf der zweituntersten Rille des auf 180 Grad vorgeheizten Ofens etwa 10 Minuten backen.

Sablés

175 g Butter
30 g Vollrohrzucker
10 Tropfen Stevia
1 Prise Salz
½ TL Vanillepulver
250 g Dinkelmehl, hell

Die Butter schaumig rühren. Zucker, Stevia, Salz und Vanillepulver darunter mischen. Das Mehl beigeben und alles rasch zu einem Teig zusammenfügen. Zu Rollen formen und 30 Minuten kühl stellen. Die Rollen in 4 mm dicke Plätzchen schneiden. Im oberen Drittel des auf 200 Grad vorgeheizten Ofens 10–15 Minuten backen.

Literaturhinweise

Rapp, Doris: *Ist das Ihr Kind? Hyperaktiv – ständig krank – antriebslos – launisch – immer müde – aggressiv. Versteckte Allergien aufdecken und behandeln,* Medi Verlagsgesellschaft, Hamburg

Hallowell, Edward M.: *Zwanghaft zerstreut. ADD – Die Unfähigkeit, aufmerksam zu sein. ADD (ADS) bei Erwachsenen,* Rowohlt Taschenbuch, Reinbek bei Hamburg

Solden, Sari: *Die Chaos-Prinzessin. Frauen zwischen Talent und Misserfolg. Mit was sich Frauen mit ADS alles auseinandersetzen müssen,* BV-AH, Forchheim

Rosival, Verda: *Hyperaktivität natürlich behandeln. Bewährte Naturheilmittel, Anwendungen und Übungen,* Gräfe und Unzer, München

Biber, Vera: *Hilfe, mein Kind ist unerziehbar! Leben mit einem hyperaktiven Kind. Erfahrungen und Ratschläge,* Verlag Hartmut Becker, Kirchhain

Klammrodt, Friedrich: *Unkonzentriert – Agressiv – Überaktiv. Ein Problem der Erziehung oder der Ernährung?,* Verlag Grundlagen und Praxis, Leer

Abrams, Karl J.: *ADHD – Aufmerksamkeitsstörung und Hyperaktivität bei Kindern und Erwachsenen. Alternativen zur medikamentösen Behandlung,* AV-Publikationen, Neusiedl a. See

Rau, Uta: *Tips zur Ernährung hyperaktiver Kinder. Aminosäuren, Mineralstoffe, Vitamine,* VAK Concept Verlag, Kirchzarten bei Freiburg i. Br.

Clausnitzer, Christel: *Bachblüten für Konzentrationsstörungen bei Schülern,* Edition Clematis, Zeitgeist Forum Verlag, München

Knieriemen, Heinz: *E-Nummern,* AT Verlag, Aarau

Adressen

AEV, Arbeitskreis Ernährung und Verhalten

Sekretariat
Postfach
8062 Zürich
Telefon 062 212 00 51
Fax 062 212 00 53
E-Mail: verein@aev-schweiz.ch
www.aev-schweiz.ch

Der AEV vertritt den Ernährungsansatz für den gesamten deutschsprachigen Raum, also Schweiz, Deutschland und Österreich.

ELPOS-Schweiz

Affolternstrasse 125
8050 Zürich
Telefon 01 311 85 20
Fax 01 311 85 29
E-Mail: zuerich@elpos.ch

Schwerpunkt Ritalin und andere Medikamente.
Keine Ernährung!

BV AüK, Arbeitskreis überaktives Kind e.V.

Bundesgeschäftsstelle
Postfach 410724
D-12117 Berlin
Telefon 030 85 60 59 02
Fax 030 85 60 59 70
E-Mail: VB.AUEK@t-online.de
www.auek.de

Schwerpunkt Ritalin und andere Medikamente.
Kaum Ernährung!

Impfen

Ratgeber: Impfen – Grundlagen für einen persönlichen Impfentscheid
Stiftung für Konsumentenschutz
E-Mail: admin@konsumentenschutz.ch
Telefon 031 307 40 40

Internet: www.impf-info.de

Rezeptverzeichnis

Frühstücksideen

Dinkel-Hirse-Müesli 57
Dinkelmüesli 57
Mandelmusdrink 58
Pflaumen-Bananen-Aufstrich 58
Zwetschgenmus 58

Brote und Brötchen

Backfermentbrot 60
Dinkelfladen mit Sesam 62
Früchtebrot 63
Hausbrot 62
Urbrot aus der Pfanne 63

Salate

Chinakohlsalat mit Sardellen 64
Crudités mit Gemüsedip 64
Exotischer Karottensalat 70
Gemischter Salat 66
Goldhirsesalat 68
Kartoffelsalat 67
Nüsslisalat mit Knoblauchbrot 70
Patissonsalat mit
Sauce Vinaigrette 68
Teigwarensalat 67
Zucchini-Karotten-Salat
Florentiner Art 66

Suppen

Broccolisuppe 73
Karottensuppe 74
Kartoffelsuppe nach
Emmentaler Art 73
Kürbissuppe 71
Minestrone 74

Fleischgerichte

Couscous 77
Fleischkuchen 78
Fleischvögel 77
Gehacktes 76
Geschnetzeltes Burgunder Art 80
Hamburger 78
Kalbshaxe, Ossobucco 80
Saftplätzli 76

Fischgerichte

Felchenfilets im Ofen gebacken 81
Felchenfilets mit Zucchinisauce 82
Fischgratin, italienischer 81
Forellen oder Felchen in Alufolie 84
Rotzungenfilet Cristofero Colombo 82

Teigwaren, Reis, Getreide

Currynudeln mit Gemüse 90
Dinkelspaghetti mit Sesampesto 88
Gemüsestrudel 91
Gerstotto mit Gemüse 94
Hirseköpfchen mit Gemüse 92
Hirsotto 91
Karotten-Federkohl-Pilaw 90
Kastanien-Kürbis-Curry mit Nudeln 88
Knöpfli mit Steinpilzen
und Wirsingsauce 87
Lasagne al forno 86
Quinoarisotto mit Gemüse 94
Risottoküchlein mit Kürbis 92
Spaghetti mit exotischem Kürbis 85

Kartoffelgerichte

Kartoffel-Kürbis-Curry 95
Kartoffeln nach Hausfrauenart 96
Kartoffeln, gefüllte 98
Ofen-Pommes-frites 96
Rosmarinkartoffeln 98

Gemüsegerichte 95

Auberginen, gefüllte 101
Fenchel, gratinierter 100
Gemüse mit Kastanien und Dinkel 108
Gemüsekrapfen 104
Gemüseschnecken 102
Kefen mit gerösteten Brotwürfeln 102
Linsengemüse 108
Patissonscheiben,
gebratene, auf Gemüse 101
Rotkraut mit Rotwein 106
Wirsingwickel mit Quinoa 106
Zucchini mit Basilikum 104

Saucen

Basilikumpüree, provenzalisches 109
Knoblauchsauce 110
Kürbissauce 109
Salbei- oder Basilikumsauce 110

Desserts und Süssspeisen

Apfeltaschen 113
Birnen mit Mandelmilchcreme 113
Birnensalat 114
Bratäpfel 118
Fruchtsalat mit Bananencreme 112
Heidelbeereis 114
Himbeerköpfchen 116
Hirse-Mohn-Pudding 112
Johannisbeergelee-Köpfchen
mit Mandelsauce 116
Kiwi-Feigen-Salat
mit Bananencreme 111
Rhabarber-Bananen-Schaum 114
Rhabarber-Streusel-Gratin 118
Tahinsauce (Sesampüree) 116
Vanillesauce 118

Kuchen und Gebäck

Apfelbrot 122
Apfelwähe 122
Bananen-Nuss-Kuchen 123
Birnen- oder
Apfel-Roggen-Kuchen 123
Dreikönigskuchen 124
Feigenschnitten 126
Geriebener Teig für
Kuchen (Wähen) 122
Halvahkugeln 126
Hefegugelhopf 119
Himbeer-Muffins 120
Lebkuchen 124
Sablés 130
Sauerrahmplätzchen 125
Sesamkonfekt 128
Spitzbuben 125
Zitronenkuchen, griechischer 120
Zitronen-Mandel-Stäbchen 128